哲学の饗宴

ソクラテス・プラトン・アリストテレス

荻野弘之

NHKライブラリー

NHK出版

装丁：菊地信義

哲学の饗宴

ソクラテス・プラトン・アリストテレス

はじめに

革命と戦争、技術革新と大量殺戮に明け暮れた二〇世紀から、新世紀を迎えて早くも、狂信と暴力、飢餓と自然破壊の予感が漂う昨今、モノと情報が氾濫するうわべの繁栄の陰で、ひそかに進行しつつある止《や》み難い不安や閉塞感。それは、少子高齢化や不良債権といった目の前の社会問題に尽きるのではなく、さらなる深淵へ向けて開いた窓であるかのようだ。黄昏《たそがれ》の古代地中海世界を生きたギリシア教父の一人は、「不安な時代」の状況における自己認識の意味を、見事に喝破している。

われわれはどこから来て、どこに行くのか。(中略) こうした認識が諸君を自由にする。
(アレクサンドリアのクレメンス)

本書は、紀元前五―四世紀、西欧文明の源流である古代ギリシアの哲人たちの足跡を辿り、彼らが書き残した印象深い言葉の背後に息づいている独特の思索の姿にふれることで、哲学的な思考のいわば「原型」を確認し、同時にまたそれを通して、現代に生きるわれわれを取り巻く諸問題を改めて別の角度から見直してみる、という二つのことを目指している。哲学とは、何を、どのような仕方で問う学問だったのか、科学や宗教、文学や芸術、また人生論や世界観とはどのような関係にあるのか、古代世界の豊かな言語遺産の一端をご紹介したい。

本書は、紀元前六世紀の初頭以降、約一五〇年間に及ぶ「初期ギリシアの思想家」を取り上げた既刊の姉妹篇『哲学の原風景』(NHKライブラリー No.106)に引き続き、ギリシア古典哲学の精髄である紀元前五世紀末から四世紀にかけて、アテナイを舞台に活動したソクラテス、プラトン、アリストテレスの三人の哲学者に焦点を当てた。この時期を通じて哲学はその基本的な姿を完成し、歴史のうちでたえず意匠を異にしながらも、ほぼそのままに今日に及んでいる。ソクラテスの生と死に発した哲学の波紋が、その後の西洋哲学史を綾なす二大潮流の源泉となる両雄によって継承され、問題の立て方、方法意識など、一層きめ細かく展開されていく様子が窺えよう。両者の一見対照的な装いの下に隠された共通の志向を読み取っていただければ幸いである。

もっとも、本書はそれぞれの哲学者の全貌と業績を隈なく紹介することを意図したわけではない。また紙幅の制約もあって、アリストテレス以降のヘレニズム=ローマ時代の思想史については、主題的に取り扱うことができなかった。この時期の哲学については従来比較的手薄であったわが国でも、欧米の研究動向を反映して、多方面で本格的な研究が進展しつつある。古代後期を通覧する企ては、改めて他日を期したい。

哲学史を扱った既刊の類書とは異なり、本書はできるだけ具体的な作品を取り上げて、テクストに即して問題を浮き彫りにするように努めた。もとより紙幅の制約のため到底十分とは言いがたい。そこで、関心を持たれた方は、ぜひ文庫判や全集で刊行されている原作（翻訳）に直接ふれることをお勧めする。本書で取り上げたプラトンの『ソクラテスの弁明』『クリトン』『ラケス』『ゴルギアス』『メノン』『パイドン』『国家』『饗宴』『パイドロス』『テアイテトス』『ティマイオス』『パルメニデス』、アリストテレスの『範疇論』『分析論』『自然学』『霊魂論』『形而上学』『ニコマコス倫理学』『政治学』など、いずれも多少読みづらい部分があるにしても、巷間にあふれる「哲学早分かり」式の中途半端な解説書よりも、はるかに新鮮で意外に身近な発見があるに違いない。文中で示した引用箇所を辿りながら、著者の理解と突き合わせて検討していただければ、一層興味が増すと思う。

プラトンの著作の引用は、慣例に従って、最古の活字本の一つであるステファヌス版『プラトン全集』（H. Stephanus, Platonis Opera quae extant omnia, 3vols, Genf, 1578）の頁数と、その頁内のABCDEの段落で示した。読者が翻訳で読まれる際に、欄外に表示されている数字にあたる。

ただし、アリストテレスの著作の引用については、煩雑を避けてベッカー版（一八三一）の頁数は省略し、著作名と巻章のみを示しておいた。

作品の引用に当たっては『プラトン全集』『アリストテレス全集』（岩波書店）のほか、

文庫や文学全集などに収録された既存の翻訳を随時利用したが、同時に著者の意図を鮮明に伝えるために、適当な省略や変更を加えた箇所も多い。訳者の方々には、お礼と共にお詫び申し上げる。その他、本書で扱った論点や本文解釈、実例については、著者独自の見解のほかにも、内外の優れた先行研究に負っている場合も少なくない。小型本の性格上、各章末に「参考文献」として示す以外に逐一の註記は省略したが、井上忠、加藤信朗の両先生をはじめとする諸先達が開拓してこられた有形無形の研究業績を参照させていただいた。改めて学恩の重さを思う。

各章末の参考文献は、テーマに興味をもってさらに勉強してみたい方のために、日本語で読める基本的な参考図書をいくつか選んで挙げておいた。網羅的な文献表を意味してはいない。すでに前章で挙げた文献は重複を避けて省略してある。現在絶版品切であっても、読者の便宜になる学術書はなるべく収録したが、一般に入手しにくい学会誌や紀要類、外国語文献はすべて割愛した。

なお、地名・人名などギリシア語固有名詞の表記、特に長母音と帯気音の表記については、その都度の慣用を優先したため、一貫性を欠いている点を申し添える。

目次

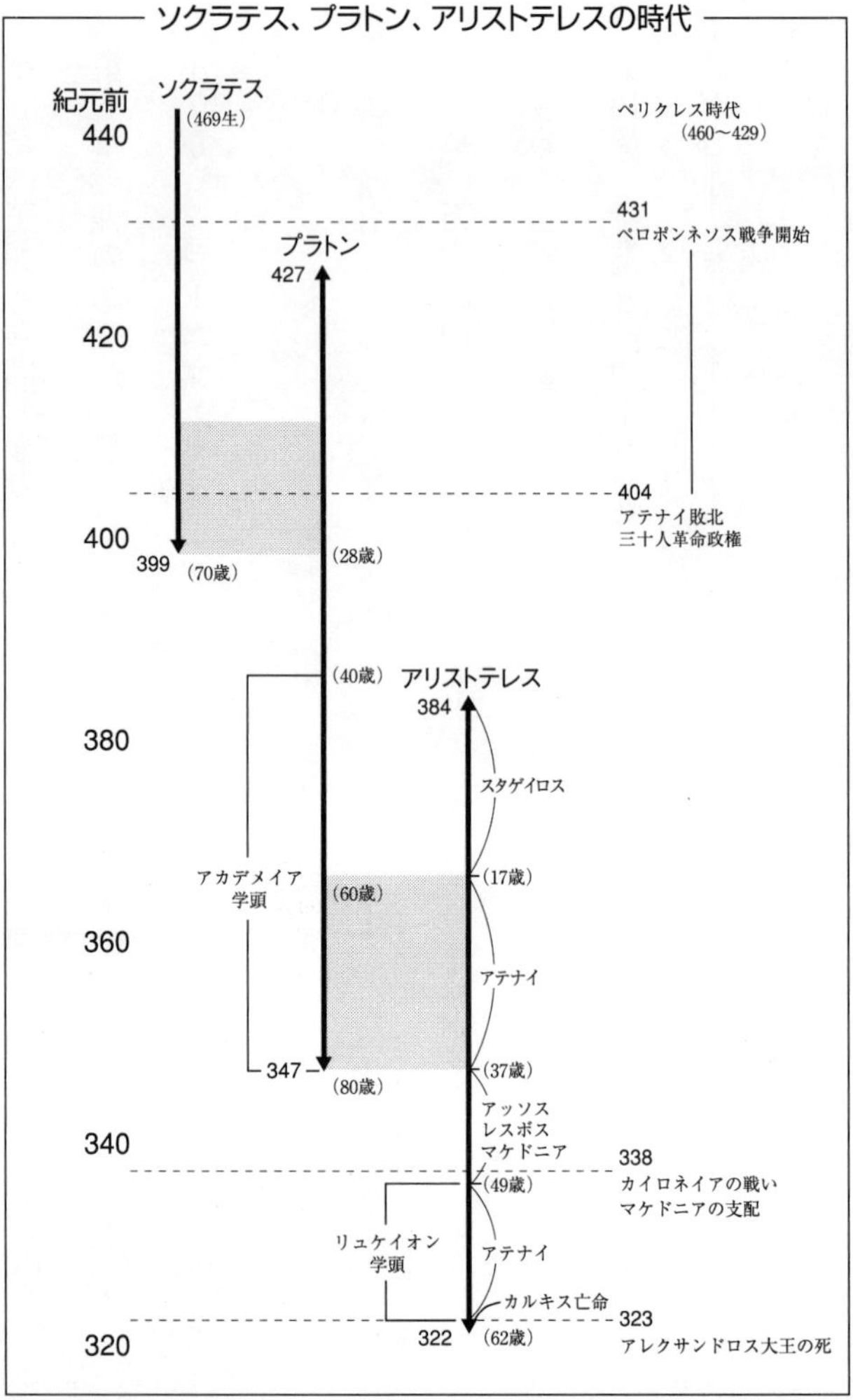
ソクラテス、プラトン、アリストテレスの時代
紀元前
440
420
400
380
360
340
320
ソクラテス
(469生)
399
(70歳)
プラトン
427
(28歳)
(40歳)
(60歳)
347
(80歳)
アカデメイア
学頭
アリストテレス
384
スタゲイロス
(17歳)
アテナイ
(37歳)
アッソス
レスボス
マケドニア
(49歳)
リュケイオン
学頭
アテナイ
カルキス亡命
322
(62歳)
ペリクレス時代
(460〜429)
431
ペロポンネソス戦争開始
404
アテナイ敗北
三十人革命政権
338
カイロネイアの戦い
マケドニアの支配
323
アレクサンドロス大王の死

第1部

ソクラテス

Sōcratēs

第1章　哲人の肖像画〜ソクラテスの伝記と裁判

姉妹篇『哲学の原風景』では、紀元前六世紀の初頭以来、約一五〇年間におよぶ初期ギリシア哲学の誕生の様子を述べてきた。東は小アジア半島のイオニア地方から、また西は南イタリアやシケリア島に至るギリシア本土以外の植民都市から、実に多様な個性あふれる思索が生まれてきたのである。

さて紀元前五世紀の半ば、東方の大帝国ペルシアとの数次にわたる困難な戦争に勝利したギリシアは政治・経済の最盛期を迎え、特にその中心都市アテナイ（現在のギリシア共和国の首都アテネ）において文化と芸術の花が開く。それとともにやがて哲学もその舞台をアテナイに移すことになる。そして、その焦点は何といってもソクラテス（前四六九—三九九）という人物の存在であった。

これまで紹介してきた初期の思想家と違い、彼の名前は一般の読者にも馴染み深い。それは「哲学者」の代名詞といってもよい。実際、ソクラテスとはどういう人物であったのか。彼が関わっていた問題が何であったのかを考えることは、今日に至るまでなお哲学の中心的な課題であり続けているといっても過言ではない。しかし、いきなりこのような大問題に入る前に、いくつか、予備的な考察にふれておくことから始めよう。

ソクラテスの人となり

現在、欧米のいくつかの美術館に「ソクラテスの肖像」として伝えられる石像がある。実物でなくとも写真などを注意して見ると、そこには共通の特徴があるのに気づくであろう。少し禿げ上がった額、平べったい獅子鼻、ギョロっとした大きな目。お世辞にも美男とは言いがたい容貌である。注意していただきたいのは、古代の肖像は画家が当人を目の前にしながら描くような近代的な意味での肖像画とは異なって、当人に関する伝承をもとに想像によって造られた、その意味では様式化されていることである。

伝えられるところによれば、ソクラテスは、紀元前四六九年頃、彫刻家の父ソープロニコスと産婆の母パイナレテーから生まれ、二人の妻（クサンティッペ、ミュルトー）を持ち、三人の子をもうけた。ペロポンネソス戦争のさなか、三〇代から四〇代にかけて三度（前四三二年ポテイダイア、四二四年デーリオン、四二二年アンピポリス）ほど従軍した以外は、生涯一歩もアテナイの町を出ることがなかった。いつも裸足で歩き回り、時としてはもの思いにふけったまま、長時間、あたりかまわず立ちつくしてしまう奇妙な性癖を持っていた。そして、人並みはずれた体力と意志の持ち主で、飢えとか寒さには滅法我慢強い。一方、ご馳走が出れば十分に堪能することができるし、酒を勧められればいくら飲んでも少しも酔わない。美少年に対してはたちまち恋い焦がれてしまうが、相手が夢中になっても、逆にソクラテスは決して刹那の欲情に溺れない。町の広場（アゴラ）で人々と問答を繰り返しながら、しかもソフィストたちとは異なって、金銭や謝礼を受け取ることは一切しなかった。ほかにも悪妻クサンティッペの伝説をはじめ、豊富な逸話が伝えられている。そのいちいちの真偽はともかく、これらの伝説の核をなすのは何か強烈な個性を備えた人物であって、その言葉と行動によって周囲の人々に対して絶大な影響を与えたことだけは間違いあるまい。

ソクラテスに関して歴史的に確実だと言える事実が二つある。一つは、紀元前三九九年、ソクラテス七〇歳の折に、アテナイの法廷で有罪判決を受け、死刑を宣告されて獄死したこと。告訴の理由は、国家の認める神々を認めないという宗教上の罪、また、青年たちを堕落させるという教育上の罪、この二点で告発されて死刑になった。もう一つは消極的なことだが、彼は著作を一切残さなかった。ソクラテスは決して神話上の人物ではないが、史的な事実としてはこの二つしかないのである。

ソクラテスは書物を一冊も書かなかった。ということは、われわれがソクラテスの思想と行動に接近するためには、彼について書き残したほかの人々の著作を通じて、いわば間接的な証言によるしかないことを意味する。したがって、まず、ソクラテスについてさまざまな記事を伝えている史料がどの程度歴史的な事実に基づいているか、その信憑性の問題を検討しなければならない。

同時代の証言

古代ギリシア哲学研究の重要史料であるディオゲネス・ラエルティオスの『ギリシア哲学者列伝』（紀元後三世紀）の中にも、ソクラテスをめぐるさまざまな逸話が語られている。しかしこれはずっと後の時代のものであるから、これらが典拠とした一番古い源泉となると、ソクラテスの同時代のものとしては次の四つの史料が考えられる。

そのうち最大のものは、若い頃からソクラテスに親しんだ弟子の一人、プラトン（前四二七―三四七）の書き残した対話篇である。特にその初期の作品中には、哲学的な問答を繰り広げるソクラテスの姿が生き生きと描かれている。第二は、ソクラテスとほぼ同年輩にあたるギリシア最大の喜劇作家アリストパネス（前四五七―三八五）の書いた『雲』であり、この作品は、紀元前四二三年（ソクラテス四六歳）、実際にアテナイの町で上演された。そしてソクラテスも、ほかならぬ自分自身を主人公にしたこの劇を見ていたともいわれている。第三は、プラトンと同年代で、やはりソクラテスに学んだ軍人クセノポン（前四二八―三五四）の著作、特に『ソクラテスの思い出』である。第四に、少し時代は下るが、アリストテレス（前三八四―三二二）の書物にもソクラテスについての言及があり、数は多くないが、ソクラテスの哲学説についていくつか重要な証言が見られるために、伝記よりもソクラテスの「学説」を考える上で逸することはできない。もちろんアリストテ

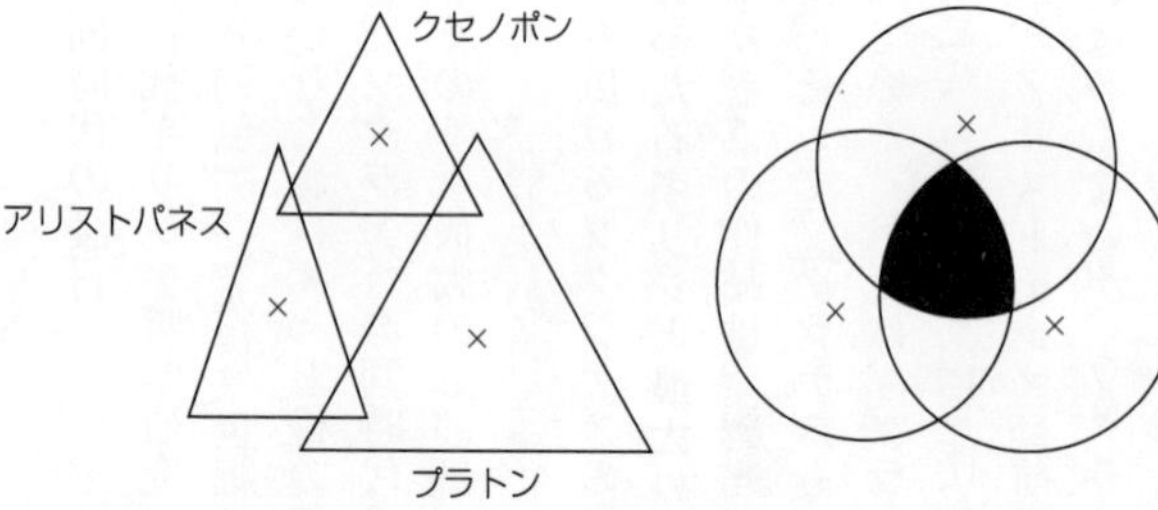

実際はこうなる　　普通はこうなりそうだが

レス自身は生前のソクラテスを直接には知らなかった。ソクラテスに関するアリストテレスの知識は、結局、自分の先生であったプラトンに依存するところが大きいとすれば、一応これを二次的として除外し、残るところ先の三つ（プラトン、アリストパネス、クセノポン）がソクラテスについて最も古い同時代の証言になる。

それでは、この三つの史料を互いに重ね合わせてみれば、あるいは、三つの証言が伝える平均的なところをとれば、その真ん中あたりにソクラテスについてのおおよその輪郭がつかめるだろう、となりそうだが、実はここに大きな問題がひそんでいる。つまり、この三つの証言は、きれいに重なるどころか、奇妙なことにその最も核心的な部分でお互いに矛盾した姿を露呈してしまうのである。

喜劇の主人公

まず、アリストパネスの喜劇『雲』から見ていこう。

この劇では、ソクラテスはほかならぬソフィストの一人として登場する。フロンティステーリオンと称する、何やら奇妙な道場を開いて若者を相手に弁論術を教えている。高い授業料を払えば、正しいか、正しくないかはおかまいなしに、とにかく議論で相手をやりこめる弱論強弁のテクニックを教えてくれる、という思想道場である。また一方で、劇の舞台では、中空に吊るされた籠に乗っており、そこから天体や気象を観察している。つまり、自然学の研究に熱中しているのだが、その結果、ゼウスをはじめとするギリシアの伝統的なオリンポスの神々を認めない、唯物論的、無神論的な思想を抱いているいかがわしい人物として描かれている点に特徴がある。

悲劇が神話や伝説から題材を取るのに対して、喜劇は、まさに同時代の政治家、作家といった有名人を取り上げ、人々の関心を集めている問題を風刺する、というのが一般的な手法である。反戦主義者アリストパネスはアテナイの軍事的覇権をめぐる同時代の戦争に反対した主題の喜劇も残している（『女の平和』）。

喜劇『雲』は、当時流行していたソフィストの思想が普通の市民の目にはどのように映っていたのか、そのことをよくあらわしている。もちろん、喜劇作品ゆえに、面白おかしく仕立てあげるための過剰な脚色や演出が行われたことは疑いない。その細かい点はともかくとして、とにかくソクラテスという人物が、喜劇作家にとっても格好の素材になるような、つまり当時のアテナイの人々にもよく知られていた有名な奇人であって、観客の好奇心を刺激してやまない人物であったことだけは確かであろう。

敬虔な教育者

ところが、こうしたソクラテス像は、クセノポンの『ソクラテスの思い出』では一転する。クセノポンはソクラテスの忠実な弟子の一人として、ソクラテスの告発がいかに事実無根であったかを強調し、人々のソクラテスに対する誤解を解くために、生前のさまざまなエピソードをこの書物の中で紹介している。

ソクラテスが訴えられたのは、国家の認める神々を認めない、そして青年を堕落させる、この二つが主な理由であった。したがって『ソクラテスの思い出』の中で著者は一貫して、ソクラテスがいかに敬神の念の厚い人であったか、また、いかに若者たちの教育に意を用い、多くの若者を正しい道に導くような助言を惜しまず、しかも同時に口先だけの説教ではない真の実践家として、青年たちにとって立派な模範であったかという点を強調している。この書物は、平凡ながら具体的なエピソードがたくさん盛り込まれているので、客観的な史料としてはクセノポンを重視する歴史家、研究者も少なくない。

ソクラテスは釈迦、孔子、カントと並んで「四大聖人」と称されることもある（東洋大学の創立者、井上円了〈一八五八—一九一九〉は東京中野の哲学堂公園に「四聖堂」を建てて祀っている）。フランス啓蒙期のヴォルテール（一六九四—一七七八）はガリレイと並んで

「宗教的偏見の犠牲になった真理の殉教者」というソクラテス像を描いてみせたが、わが国でも明治以来、陽明学の伝統を背景に、知行合一の理想の教育者、自分の信念を曲げずに理想に殉じた偉人、そのために死刑をも恐れぬ不屈の悲劇的英雄、といった類型的な理解も根強い。そしてこうしたイメージに一番近いのは、これら三つの史料の中ではクセノポンの描くソクラテスなのである。たしかに、この中に描かれているソクラテスは、若者の教育に常に配慮し、しかも一方的にお説教をするのではなく、相手と十分に対話をしながら議論を進めていく。つまり対話を実践する人であった。

しかし問題なのは、ソクラテスが行ったとされる対話の実質的な内容であろう。クセノポンは『ソクラテスの思い出』の中でこんなふうに書いている。

彼（ソクラテス）が自分で何かの問題を論じていく際には、誰でもが承認できる事実の中を通って論を進めた。そして、これが最も安全な方法であると信じていた。だから、いつ議論をしても、ソクラテスの話は私の知っている誰よりも聞き手の賛同を博したのである（第四巻六章一五節）。

無知の人、謎の人

しかし、まさにこの点で、クセノポンの描くソクラテスとプラトンの描くソクラテスとは決定的に食い違ってしまう。なぜならプラトンの対話篇に描かれているソクラテスの言動は逆説（パラドクス）に満ちているからである。たとえば、「人に不正をはたらくよりは、人から不正をされるほうがまだましである」（『ゴルギアス』四六九C）、「悪に対して悪を報いてはならない。たとえ自分が不正な目にあったとしても、その人に害を加えてはならない」（『クリトン』四九B―D）、「幸福な人生とは、何か立派な徳を身につけていることであって、その徳から生まれる結果とか報酬ではない。正義の人であれば、その人は即そのままで幸福な人である」（『国家』三五四A、五八〇B）、「徳は知識の一種であって、誰ひとり自ら進んで悪を行うということはない。悪を行うのは、結局、われわれに知識が欠けているからなのだ」（『プロタゴラス』三五七A、三五八E）。

このように倫理的なことがら、人間の知識と、生きる価値をめぐるソクラテスの発言は、少なくとも作品の表面にあらわれた彼の発言を追う限り、いずれもわれわれの常識とは衝突してしまう。ソクラテスは身なりや行動が奇妙なだけでなく、また非常に奇妙な説を述べる人でもあった。そしておそらく、この奇妙さは、決して歴史的な距離の遠さや文化の差異に還元して説明することはできないだろう。現代の読者が読んで感じる当惑は、当時の人にも全く同じように感じられたに違いない。仮にソクラテスが現代の日本に出現したとしても、その謎は全く変わるまい。

そしてまた、プラトンの描くソクラテスは、このような驚くべき主張を自分では強く真理と確信し、相手の常識的な立場を強力な議論によって論駁していく。しかも、自分自身は決してそのことを確実に知っているわけではないのだ、とも語る。対話相手や周囲の人人の目には、自分の無知を表明するこうしたソクラテスの奇妙な態度は、どうしても本心を偽ったおとぼけ、あるいはせいぜい皮肉にしか映らない（『ゴルギアス』四八九E、『国家』三三七A）。ソクラテスの備えているパラドクスと無知の表明、この二つの特徴は、クセノポンの描くソクラテス像には全く見られない要素として際立っている。そしてその奇妙さという点では、今度はアリストパネスの描くソクラテスにもつながってくる。

クセノポン

鏡としてのソクラテス

以上のように、ソクラテスに対する、クセノポン、アリストパネス、プラトンの三人の証言は核心のところで相互に反発し食い違ってしまう。ではこのように決して統一した像を結ぶことを許さないソクラテスの真実はいったいどこにあるのだろうか。この問題をめぐっては、実際これまでにさまざまな解釈がなされてきた。つまり、どの史料を重視するかに応じて、(a)プラトンこそがその師ソクラテスの事実をありのまま忠実に記録した（バーネット）、(b)思想と行動とを区別し、崇高な理想主義の思想をプラトンに見出しながら、史実としてはクセノポンを重視する（シュライエルマッハー）、(c)アリストパネスこそが意外なことにソクラテスの秘密に最も肉迫している（キルケゴール）といったさまざまな見解が分かれてくる。そして(d)結局ソクラテスについて確かな事実を知ることはできないという不可知論に立つ研究者（ギゴン）もいる。

われわれとしては、ソクラテス像の分裂という事態を前にして、どのように考えるべきであろうか。本当のソクラテスはどこにあるのだろうか。それはあえて言えば、まさにこの分裂という点にこそある、と著者は考えている。ソクラテスとは、それを目の当たりにしていた同時代の人々にとってもそれぞれ全く異なる姿であらわれ、その肖像画は決して一つに焦点を結ぶことのない、つまり謎の人であった。おそらく、ソクラテスが、仮にタイムマシンに乗って現代に突然あらわれたとしても、いったいこの人は誰なのか、その人物評価は全く分裂してしまうような存在ではないか。

言い方を換えるならば、ソクラテスとは、いわば鏡のような存在であり、ソクラテスがどんな人物かという答えは、それを語る当人の姿をおのずからそこに映し出してしまうのである。何よりも笑いを武器に同時代の状況を撃とうとする喜劇作家アリストパネスにとっては、まさしく格好の喜劇の題材であり、他方、篤実な実際家であったクセノポンにとっては、理想的な道徳教育の模範にほかならず、そして論理と逆説に生きる哲学者プラトンにとっては、知を愛して止まない精神の原型であった。つまりソクラテスを描くことは、実は意図せざる仕方で少なからず自画像を描くことなのである。

こうした状況を前にどのように考えたらよいだろうか。おそらく唯一の正解はないだろう。事実、ソクラテスへ接近しようとする研究者の態度や方法はさまざまに分かれている。以下に述べるのは一つの仮説にすぎない。それは第一に、何よりもソクラテスの「哲学」を問題にする以上、まずはプラトンの描くソクラテスを何よりも大事にし、プラトンのテクストを正確に読まなければならない。そこで第二に、歴史的なソクラテスの事蹟に関する詮索は、この際留保しておくことにしたい。ただしこのことは(d)いわゆる不可知論に与《くみ》することとは異なる態度である。つまり、今後論述の中で「ソクラテス」といった場合には、それは直接「歴史的なソクラテス」を指しているのではなく、主にプラトンの作品中の「登場人物としてのソクラテス」のことを指す。したがって仮にこうしたソクラテスがプラトンの完璧な創作であり、史的事実とはほとんど無縁の虚構（フィクション）にすぎないとしても、それはそれでかまわないという立場をとりたい。ハムレットが実在の人物でないとしても、シェークスピアの作品から汲み取れる感動は変わらないように、プラトン劇の主人公に見合う歴史的人物が不在であったとしても、哲学的なリアリティは決して減じることがないと思う。

もっとも、プラトンの描くソクラテス像といっても、後に述べるようにそれは単純な一枚岩ではない。だがいずれにせよ、プラトンの描くソクラテスの特徴であり、しかもクセノポンには全く欠落している逆説（パラドクス）と無知の表明（アイロニー）、この二点にこそソクラテスの哲学の核心を見たい（G・ヴラストス）。そこで、以下はこの問題を中心に、プラトンのいくつかの作品を取り上げながら話を進めていくことにしよう。

ソクラテス裁判

そこで、はじめに『ソクラテスの弁明』を取り上げたい。これは、ソクラテスの裁判に際して、自分がこれまで行ってきた活動とは実際に何であったのか、なぜこのようなことをするに至ったのか、被告の立場から自らの歩みと確信、決意を語らせた、邦訳で五—六〇頁ほどの短編ながらプラトンの代表作の一つであり、わが国でも大正時代以来、哲学や人生論の古典として広く読まれ、現在でも数種類の訳が文庫や文学全集に収録されている。これは必ずしもプラトンの最初期の作であることを意味しないが、実際の対話の部分はわずかで、ほぼ全編独白に近い形式は他に類を見ない特異な作品である。

作者のプラトン自身は、ソクラテスの裁判当時は二八歳の青年。裁判の席に居合わせてソクラテスの話を傍聴し、同時に支援者として奔走している姿が、一種の自画像のように小さく二度、描き込まれている（三四A、三八B）。もっとも、当時は音声を記録するテープレコーダーはないし、速記の技術もさほど発達していたとは思えない。したがって、この作品中の一言一句が、実際に法廷でのソクラテスの発言とそっくり重なるとは到底考えられない。仮に最初から、裁判でなされた演説を忠実に記録し再現することを目指したとしても、それはあくまで、作者プラトンの目に映ったように幾分かは脚色されていることが予想される。

他方、ソクラテス裁判の数年後にプラトンがこの書物を著わしたときには、裁判に出席していた人たちがまだ身近にたくさん生存していたに違いない。だから、事実を無理にねじ曲げて、全くの虚構を捏造することも難しい。事実を全く無視したとは考えにくい。したがって、『ソクラテスの弁明』という作品全体は、おそらく、完全なフィクションと文字通りの記録の中間にある。ソクラテスの裁判における演説の大筋をかなりの程度、忠実に再現しながら、しかしその核心が何であったかという全体の基調は、プラトンの見方によって隅々まで支配されていると考えるべきであろう。

さてソクラテスを、単なる私的な紛争ではなく、あえて瀆神罪という公法上の罪で告訴した原告は、メレトスというまだ若い無名の作家であった。だがメレトスの陰には、ソクラテスに対して共通の怨恨を抱く数人の黒幕が存在する。ソクラテスは彼ら民主派の政治家アニュトスや弁論家リュコンら保守派のグループによって標的にされていたが（二三E）、その背後にはさらに巨大な匿名の敵意が後ろ楯となって民衆裁判の席を覆っていたのである。

さて公法に関する告発がなされると、まず最初に簡単な事情聴取と予審の段階があり（『テアイテトス』二一〇D、『エウチュプロン』二B）、それがすむといよいよ公判となる。最初に原告側が告発の演説をし、被告の罪状とその証拠提示や証人の証言が行われた後に、今度は被告側が、訴訟の事実無根を訴える反対演説を行う。『弁明』は裁判の一部始終を採録したものではなく、被告ソクラテスの反対演説から始まり、原告との尋問を経て、二度の投票により最終的に判決が確定し、さらに陪審員が退席した後にも、なおその場に居残った支持者たちに向かって語る場面まで、都合三回にわたる演説を収めている。

まずここで、直接民主政のアテナイでは、日本の現行の裁判制度とは違い、陪審制をとっていた点に注意しておきたい。一般市民（成人男性）の中から抽選で選ばれた五〇〇人が、原告・被告双方の弁論の後に、有罪か無罪かを二者択一で投票する。五〇〇人の聴衆というのは、かなりの人数である。しかも、なんら特別の知見を持たず、テレビのワイドショーか討論番組でも眺めている気分の普通の市民たちを相手に、水時計で測られる短時間のうちに弁明しなければならない。死刑や国外追放といった国法に関する重大な刑法犯であっても判決は即日で決せられる。『哲学の原風景』（一六二頁）でも述べたように、これはまさしく、弁論術が威力を発揮する典型的な舞台であろう。ここで求められるのは、決して錯綜した意外な「事実」ではなく、状況証拠に寄り掛かった単純でわかりやすい

「もっともらしさ」と、陪審員の同情をひくための好印象の演出なのである。

名ばかりの「弁明」

ところが、生涯にわたって訴訟ごとには無縁だったソクラテスは、法廷でも終始自分の流儀を押し通し、陪審員の同情や共感を呼ぶことには全く考慮を払わない。「弁明」とは名ばかりであり、そこには謝罪も卑下も反省もない。最後は意図的な挑発とも受け取られるような、驚くほど刺戟的な内容が盛られている。その頂点にいたるや遂に議場騒然として怒号と罵声が飛び交う中、演説を一時中断せざるをえなくなる有様を、プラトンは見事な筆致で描いている（三〇C）。聴衆から見れば、ソクラテスの態度は狂気か、もしくは傲慢の極みであろう。自分は何ひとつ悪事や不正はしていない（三七A）、むしろ自分の活動は神の遣わした使命なのであり（三三C）、誰よりも神を崇めているのだ（三五D）。死ぬことは少しも恐れず、生きている限りこれまでの生き方をやめるつもりはない（三〇B）。自分がやってきた神への奉仕ほどアテナイにとって大きな善はかつてなかった（三〇A）。あげくは、自分が弁明するのは自分のためではなく、ほかならぬ諸君のためなのだ（三〇D）、とまで言い出す始末である。こんな調子では、彼の支援者たちのほうが余計に心配して、妥協案を持ち出すのも無理はない（三八B）。

このような、法廷戦術とか駆け引きを一切顧みないソクラテスの激烈な演説もあって、メレトスを支離滅裂な答弁に追い込んだ得意の論駁（二四D―二七E）にもかかわらず、票決の結果はわずかの差で有罪となった。さていったん有罪が確定すると、次に被告に科す刑罰の種類と重さが問題になる。そこで再び、原告と被告がそれぞれ、適当であると思う刑量を申し出、両者の短い演説の後に、どちらの主張に分があるか、再び二者択一の投票が行われるのである。さて、ここでも裁判の形式が問題になることに注意しよう。おそらくメレトスらソクラテスの告発者たちは、必ずしも彼の死刑を望んでいたわけではない。むしろ国外追放で十分であり、そのあたりが「落とし所」であることにはソクラテスも気がついていた（三七C）。しかし法廷戦術の上から、原告はあえて死刑を求刑することになる。仮に被告の側が追放刑を申し出て、そちらに決着したとしても、原告の当初の目的は果たされたことになろう。ところがそれに対してソクラテスは、当初は自分のやっていることはあくまで善いことであり、しかも自分は貧乏なのだから迎賓館で食事をさせろとまで言い張ったが、支援者たちのとりなしの結果、罰金刑を申し出る。だが、このような傲慢ともいえる自信満々の態度がかえって陪審員の心証を悪くしたのか、刑量の判決については、有罪判決を上回る票数で原告への賛同が集まり、結局、被告の敗訴、つまりソクラテスの死刑が確定した。こうして告発者たちは、予期せぬ仕方で、いわば過剰な勝利を手にしたのだが、ソクラテスの死刑判決は、裁判制度の欠陥と法廷での世論の動向という幾重もの偶発的な要素が重なりあう中で、ただひとりソクラテスの決然たる態度に貫かれて、偶然とも必然ともいえる推移の中で結果したことなのである。

参考文献

●プラトン『ソクラテスの弁明・クリトン』三嶋輝夫・田中享英訳（講談社学術文庫、一九九八年）、田中美知太郎訳（『プラトン全集1』岩波書店、一九七五年）
●アリストパネース『雲』高津春繁訳（岩波文庫、一九五七年）
●クセノフォーン『ソークラテースの思い出』佐々木理訳（岩波文庫、一九五三年）
●キルケゴール『イロニーの概念』（『キルケゴール著作集第20、21巻』飯島宗享、福島保夫訳、白水社、一九六六年）
●ディオゲネス・ラエルティオス『ギリシア哲学者列伝』加来彰俊訳（岩波文庫、上中下、一九八四―九四年）
●加藤信朗『初期プラトン哲学』（東京大学出版会、一九八八年）
●秀村欣二、久保正彰、荒井献編『古典古代における伝承と伝記』（岩波書店、一九七五年）
●田中美知太郎校註『原典プラトン　ソクラテスの弁明』（岩波書店、一九七四年）

第2章　賢者は何を知っているか〜神託の謎

さて『弁明』の（すなわち被告人演説の）冒頭から、ソクラテスは、自分に対する中傷や敵意は、知者（ソフィスト）の一人であると自分が見られていた誤解に基づくものであって、しかもそれは長い間にわたって捏造されてきた虚像である。自分は決してソフィストのように高い授業料をもらって、若者たちを、徳を身につけた有為な人材に教育するなどと公言している者ではない、と明言した。しかし、一方で、自分がたしかにある意味では知者であること、そしてそのことが誤解と中傷の原因であることもはっきりと認めている。ここから、ソフィストたちが公言している知恵、世間の人々が感じている知恵、それに対してソクラテスが自覚する知恵の三者がそれぞれいかなるものであったかが対比されてくる。ソクラテスは自らの立場を「人間としての知恵、人間並みの知恵」と呼んでいる（二〇D）。

デルポイの神託

ソクラテス自身の語るところによれば、問題の発端は、ある一つの事件がきっかけであった。ソクラテスの友人にカイレポンという者がいた。彼はこの裁判のときにはすでに没していたが、プラトンの『ゴルギアス』『カルミデス』にも端役の狂言回しとして登場し、アリストパネスの『雲』ではソクラテスの取り巻きとして辛辣な風刺と揶揄の対象になっているように、自他ともに認める昔からの親友で、ソクラテスに批判的な告発者の多数と同じ政治的党派（民主派）に属し、ペロポンネソス戦争末期の政治的混乱の中で亡命、帰還した経験もある。彼はかねてから、身近に接したソクラテスの知恵に強い畏敬と崇拝の念を抱いていた。何事につけてもすぐに熱中する性格のカイレポンは、あるときデルポイに出かけていき、そこのアポロン神殿に参詣し神託を受け取ったのである。アテナイから七〇キロほど離れた山中にあるこのアポロン神殿は、古来から神託を授ける神社として著名であり、ソポクレスの悲劇『オイディプス王』や、ペルシア征服を企てて破滅したリュディアのクロイソス王（ヘロドトス『歴史』第一巻四八）、ペルシア戦役時にサラミス湾での海上決戦を企てたテミストクレス（同第七巻一四一）など伝説上の逸話に事欠かない。

さてカイレポンはあろうことか「誰か、ソクラテス以上の知者がいるだろうか」という問いを尋ねたのだが、それに対する神託は、ただひと言「誰もいない」という短い応答であった。さてこの「ソクラテス以上の知者は誰もいない」という神託が友人カイレポンを通じて伝えられたとき、その言葉はソクラテスにとって一つの「謎」として映ったのである。彼はこの神託を聞いた後、いったい神は何を言おうとしているのだろう、いったい自分にいかなる謎をかけているのだろうかと考えた（二一B）。ここで注意すべきは、神託

デルポイの神域（柱のあるところがアポロン神殿跡）

がソクラテスにとって謎としてあらわれるためには、一見相反するかに思われる二つの態度が彼の中で緊密に結びついていなければならない、ということである。つまり「自分が知者であるなどとは全く身に覚えのないことだ」と、自らを決して偽ることのない無知の自覚と、「神は嘘をつくはずがない、なぜなら嘘をつくなどという仕業は神にとってはあるまじきことであるから」という、神に対する信仰である。自己の虚像に陶酔することなく冷静に自分を見つめ、等身大の自分を決して偽らない知的な誠実さ。そして他方で、愚直なまでの神に対する端的な信頼。この二つの要素が拮抗する地点で初めて、この神託の言葉は謎としてソクラテスにあらわれてくるのである。

しかしこうした態度は決して容易なことではない。われわれがしばしば陥りがちな両極、つまり神の言葉とあらば、その権威のもとに何であろうが無批判に受け入れて、われこそは知者に違いないと勝手に思い込む原理主義的な盲信でもなければ、反対に、自らの実感の正しさに固執して、自己の理解を超える内容の言葉を不合理として決めつける浅薄な合理主義でもない。彼はそのどちらにも陥らなかった。そこにソクラテスの稀有な出発点がおかれている。自らを偽ることなく凝視し、しかも神に対してなお信頼を保ち続けること、つまり理性を窒息させずに信仰を守るとすれば、与えられた言葉を「謎」として、つまり表面の文字の裏に別の意味が隠された一種の暗号として受け取るほかはない。ソクラテスが真摯に神託に向き合うならば、それは彼に対していやでも謎解きを迫るのである。隠された神の意図はいったい何だろうか、ソクラテスは「長いこと思い迷っていた」と述べている。その期間は明示されていない。だが私は、この行間の空白に横たわる沈黙の時間にこそ、ソクラテスのその後の活動の真率を測る無言の重さがあると思う。

謎解きの行方

そのあげく、彼は一つの方法を思いついた。つまり、誰か明らかに自他共に知者と思われている人を訪ね、その人の存在を一個の具体例として示すことが、神託に対する有効な反証となる、と考えたのである。たしかにこれはうまい思いつきに思われる。一つでも反例が見つかれば、神託が間違っていたということで、この問題には決着がつくだろう。しかしこれは、深淵を綱渡りするような危険で不遜な行為ではないだろうか。無神論の罪状で訴えられたソクラテスは、あくまで神を信じていると言う。しかし、たとえ神の言葉であろうとも、自分にとって少しでも納得がいかなければ、そのまま鵜呑みにすることなく、徹底した反駁を試みてまで、その真偽に決着をつけようとする。その結果オイディプス王のように、自らに破滅をもたらすかもしれないが、ひとたび謎に直面した人間はもはや探究を中途で止めることはできない。真実を知ることに向かって、坂道を石が転がるような飽くなき知への欲求。それはもはや近代的な合理性だけでは汲み尽くしえない、信仰と狂気とをともに孕んだ「アポロンの使徒」の姿なのである。

与えられた言葉に立ち止まり、その意味するところが何かを、暗号解読のように問い尋ねていく。こうした「解釈」という姿をとった探究は、その後、西欧中世世界で「聖書解釈」の技法として、オリゲネス（一八五頃―二五三頃）ら教父たちの手で洗練の度を増していくことになった。

こうしてソクラテスの謎解きが始まった。たしかに反例が一つでも見つかれば決着がついてしまうこのやり方は、すぐれた着眼であった。ところが、この方法は、もはやソクラテスが単独でこの謎解きに挑戦する私的な探究にとどまらず、いやでも他人を巻き添えにする結果になる。自他ともに知者であると思われていた人々は、吟味の標的として、いつの間にかソクラテスの謎解きに巻き込まれてしまう「被害者」になったのである。

ソクラテスは、次々に、知者と思われる人々を訪ねていく。それは第一に政治家であり、第二は作家（詩人）であり、第三には手に職を持った専門技術職人のところであった。ここで、知者の筆頭に政治家が挙げられていることを奇妙に感じる読者があるかもしれない。

だが当時の都市国家（ポリス）は、奴隷や寄留外人を含めて総人口が数千から数万人単位の比較的小さな社会共同体であった。それぞれが独立した法と政治体制を備えていたが、個人の生活は国家のあり方の下に制約される点が多く、その善悪を決定する法制度のあり方は極めて重要であり、アテナイの中興の祖ソロン（前六三八頃—五五九頃）やスパルタのリュクルゴス（前九世紀）などの立法家は、賢者として万人の尊敬を集めていた。直接民主政のアテナイにあっても（その実態はともかく）、ペリクレス（前四九〇頃—四二九）を筆頭に、政治家は実践的な指導力とともに、雄弁に秀で、文学的な素養をも兼ね備えた、まさに典型的な知識人であり、名士とみなされていたのである。

吟味された知者たち

ところがソクラテスは、この政治家の一人と問答するうちに、次のように感じたという。ご当人は、たしかに多くの人から知者と思われ、また自分自身でもそう思い込んでいるが、どうも、そうではないらしいことに自分は気がついた。そこで、この人も自分も、肝腎なことを何ひとつわかっていない点では同じだが、この人は、自分でわかっていないくせにわかっていると思い込んでいる。それに対して自分は、わかっていないから、またそのとおりわかっていないと思っている。このわずかの点で、自分はこの男よりも知者であるらしいことは、どうやら疑いがない。

これがソクラテスに帰せられる有名な「無知の知」の原型である。ただしここでは、「知らないことを知っている」という一種の知識を標榜しているのではなく、正確には「知らないからそのとおりに思っている」とだけ言っている、つまり「無知の自覚」にとどまっていることを確かめておこう。

ソクラテスは、次に、悲劇をはじめとする作家（詩人）のもとを訪ねた。当時のアテナイは、政治的・経済的繁栄を背景に、三大悲劇詩人アイスキュロス（前五二五―四五六）、ソポクレス（前四九六―四〇六）、エウリピデス（前四八〇頃―四〇六）らが輩出し、国家の祭礼としての悲劇上演を、すでに不滅の舞台芸術の域にまで高めていた。そこでソクラテスは彼らの最高傑作を取り上げて、いったいこれは何を言おうとしているのかと尋ねてみた。しかしこの作家たちは、たしかにその作品の中では立派なことをあれこれと語らせるが、しかしそれがいったい何を意味するかを説明する段になると、答えることができない。むしろ、周囲にいる人々のほうが、よほどその事情を的確に説明できたのである。だがこのことは、必ずしも作家の技量に欠陥があることを意味するわけではない。いかに天才的な芸術家であっても、自分の創作活動にいったいどういう意味があるかを正確に自覚しているとは限らない。それはむしろ、創作の現場から距離をおいた学者や評論家の仕事に属する。ところがこの作家たちは、世間で作家として活躍していることから、自分が世にも賢い者だと思い込んでしまっているらしい、というのがソクラテスの診断であった。

最後にソクラテスは職人たちのもとを訪ねた。彼らは、自分たちの専門とする領域については、ソクラテスの全く与《あずか》り知らないさまざまな技術や専門知識を心得ている。その点で、たしかに彼らがソクラテスよりも知恵ある者だったことは間違いない。ところが、彼らは、それぞれ技術的な心得があるからといって、自分の専門以外の「最も大切なことがら」についても、自分は知者だと勘違いしている。そのような誤った思い込みと自惚《うぬぼ》れのために、彼らが持っている専門的な知識の輝きは覆われてしまっているのだった。

こうしてソクラテスは、自他ともに知者と認められている人々を次々に訪ねていくのだが、仔細に吟味していく過程で、結局いつも、彼らに共通の無知に遭遇する。そして彼らを返答に窮するまでに論駁し、完膚なきまでにその無知を指摘することによって、虚偽を暴き立てられた各界の名士たちの面子を潰してしまい、その結果、当人ばかりでなくその周囲の人々からも、憎悪と敵意を買うことになっていった。

ソクラテスの使命

このようにさまざまな自称知者を訪ねていくが、そのたびに「無知の知」の点においてソクラテスのほうが優っている事実は依然として変わらなかった。こうして、神託の言葉の意味が理解できず、それゆえ神託を反駁しようとして始めたソクラテスの謎解きの試みは、当初の見込みに反して、逆に神託の正しさが少しずつ裏書きされるような、皮肉な結果を招くことになった。その過程で、実は神のみが真の知者なのであり、それに照らして自らの無知を自覚することだけが人間にとって唯一許された知のあり方なのだ、ということこそ、どうやら神託が告げようとしている意味らしい、とソクラテスは推測するようになった。

こうしてアポロンの神託は、当初はソクラテスに「謎」としてあらわれ、そしてその謎解きの過程において徐々に揺るがしがたい「真理」であることが明らかになるとともに、人々にそのような無知をともに自覚させることが、神がソクラテスに対して神託を通じて課している「使命」なのではないかと思われてくる。神託の含意は、謎から真理へ、真理から使命へと、少しずつその様相を変えていくのであった。

もちろん人々に無知を自覚させることは、しだいに周囲の敵意を増幅させていく結果になることに、ソクラテスが気づかなかったわけではない。だが仮にこれが神から与えられた使命だとすれば、もはや自分からその活動を止めるわけにはいかない。相手を議論でやりこめる結果になると、そのたびに、ソクラテスは「知者」だから、本当は正解を知って

アポロンの神託を受ける巫女

いるからこそ、論駁が可能なのだと周囲の人たちは誤解を重ねる。神に忠実であろうとすればするほど、周囲の人々とソクラテスの間の溝は深まっていくばかりである。しかも、神託が真理であり、人々に無知を自覚させることが神からの使命であるというのは、ソクラテスの中で徐々に強い確信に変貌していったとはいえ、あくまで一つの解釈、推測にすぎない。仮にたった一人でも、ソクラテスによって真の知者が発見されれば、これまでの見通しは一挙に崩壊し、やはり神託は誤っていたことが帰結するかもしれない。つまりソクラテスのこのような対話と吟味の活動は、いずれかの地点で完結する終点を持たない無限の運動だったのである。

ソクラテス・ゲームの波紋

さて、こうしたソクラテスの活動を、興味津々で眺めている一群の人々がいた。それは、金にも暇にも事欠かない若者たちである。彼らは何ということなしに、自分たちのほうからソクラテスについてきて、世間の人々が調べあげられる様子を面白がって傍聴していた。そしてしばしば、自分たち自身でソクラテスの真似をしてみる。その結果、世間には知ったかぶりを暴露されて悔しがる偽の知識人や名士たちがやたらと多いことに気がついた。権威の仮面を剝いで真実を白日の下に曝《さら》す行為は、何よりも正義感を満足させる痛快この上ない仕事であろう。真理の使徒を気取るのは、また若さの特権でもある。敏腕の政治記者から大衆紙の芸能ゴシップ記事にいたるまで、ジャーナリズムを支えているのは、正義感とともに、大衆の羨望と嫉妬なのである。一方、そのおかげで面子を失った有力者たちは、自分たちの無知を反省するかわりにソクラテスに向かって腹を立て、若者に有害な影響を与える危険な煽動家とみなして、その敵意はますます増幅されていくのだった。

だが以上に述べてきたことから明らかなように、ソクラテスは何もエリートを貶《おと》めて恥をかかせるために、彼らに吟味の刃を向けていったのではない。たしかに、ソクラテスは、人々に対して呵責なきまでに問う人であった。しかし、彼が自らは説かずに「問う人」に徹したのは、その出発点においてソクラテス自らが、すでに神から問われていた存在であったからにほかならない。自分が何よりも問われる者であったこと、この点が、興味本位で無責任な若者たちと、ソクラテスの問答の質を決定的に分けている違いである。ソクラテスは他人の眼を意識した気配りや(日本社会の伝統的な美徳でもある)やさしさ、洗練された社交辞令には無縁な、あまりにも無垢で単純な存在だったのである。

「無知の知」の問題点

ここで改めてソクラテスの「無知の自覚」について問題を整理しておこう。著者はここに、四つの問題が伏在していると考える。(一) 知っている、知らない、というのは、いったい何についての知、無知なのか (知の対象、もしくは領域)。(二) そもそも「わかっている」もしくは「知っている」とはいかなる（心的な）事態をさすのか。（三）こうした無知の自覚はどこからくるのか。ソクラテスが無知を自覚しているのに、社会のエリートほど自分の無知に気がつかない（無知の無知）のはなぜか。（四）無知の自覚にいかなる積極的な意味があるのか。こうした自覚は人をどこへ導くか。この四つの問題である。

（一）何についての知か

最初に問題になるのは、いったい何についての知がここで問われているか、である。『弁明』の中では、問題になっている知の対象は「善美のことがら」（二一D）「最も大切なことがら」（二二D）という二つの表現であらわされている。「善美のことがら」とはやや座りの悪い訳語だが、外見も内実も兼備した非の打ちどころのない「立派で優れた人」、つまり、幾分、貴族主義的な雰囲気をたたえた理想的人間を、まさしくそうあらしめている根拠を指す言葉である。

ソクラテスが問題にしている無知は、第一に、たとえば駅まで行く道順を知らないとか、ある事件が起こったことを（まだ）知らないといったように、われわれが日常しばしば「知っている」とか「知らない」と語る場合に意味される、個別的な情報についての知（甲）ではない。たしかに日常会話の場面で、特定の事実や出来事に関して、知っている者と知らない者がいることは事実である。しかし、われわれは情報に接すれば、ただちに知者になれる。情報を得るのに必要なのは、日常会話程度のごく基本的な言語の素養だけである。特派員やカメラマン、芸能レポーター、アナウンサーなど情報を伝達する役目の人はいても、そこに何か特定の専門家とか職業教師が存在するわけではない。また、ときに知っているつもりでいたが実は誤っていた、という事態もあろう。思い込みや勘違いが深刻な結果を招く場合もある。だがこの場面で、無知の無知から脱却するのは、それほど難しいことではなかろう。

第二に、専門的な技術についての知や無知（乙）でもない。専門技術とは、まさしくソクラテスが三番目に訪ねた職人たちの持っていた知識にほかならず、大工、御者、医者、彫刻家など、少数の専門家が所有している知識や技術に相当する。知者と無知者は截然と峻別されるが、無知者が、学校で知者（教師）による教育と訓練を介して、やがて（同じ技術をもった）知者に形成されていく通路もはっきりしている。この場合、誰しも自分がそうした技術を持っていないことは明確に自覚しているから、「無知の無知」が発生する余地はない。一度も習った覚えのない外国語を読み書きできるとは誰も思わないし、患者をうまく丸めこんで大金を巻き上げる偽医者でさえ、自分がまともな医学の知識を持ち合わせていないことくらいは（狂信的なカルトでない限り）承知していよう。さらに、少数の専門家の所有する技術や知識によって、大多数の人はその恩恵にあずかることができるから、一人一人がそれについて無知であっても一向に差し支えない。社会の構成員が一人残らず医師免許をもつ必要はないし、極端に言えば専門技術の所有者が一人でもいればすむ。そしてこのことを裏返せば、世の中にある専門技術の数だけ、個人は何重にも無知な状態に置かれているのだといえよう。だからこそ、そこに職業とか分業といった社会を構成する意味もあるわけである。

ところが、ここで問題になっている「善美のことがら」「最も大切なことがら」とは、個々雑多な情報の集積としての知でもなければ、一部の専門家に委ねられてこと足りるというのでもなく、まさしく一人一人が不可避にそれに関わらざるを得ないものでありながら、常にそれをわかったつもりになって無知の自覚に至らないような、何か……あえて言えば、立派ですぐれた人間を、まさにそのような立派ですぐれた人間としてつくり上げている根拠であり、幸福や生き甲斐、人生の意味、教育の目標、といった問題に関わってくる。ここには必ず「よい」「ただしい」「美しい」といった価値語が顔を出すのである。こうした問題に関して、年輩者の、知的・道徳的なエリートほど、必ずや何らかの見通しや経験則、また確固たる主義や一貫した信念を抱きつつ生活しているに違いない。

一般に、こうした賢者の処世術を言論化した思想・信条、人生観が「哲学」と呼ばれることが多い。しかも受験生のみならず、哲学を学ぼうとする真摯な動機を持つ者の多くは、こうした問題への回答を渇望してやまないのである。その志向は決して間違いではない。しかし、残念なことに（特に講壇の）哲学はそうした問題について、直ちに一義的な明快な解答を与えようとしない。それが哲学志望者の失望と落胆、軽蔑につながることも稀ではない。むしろ、具体的な人生の指針を与えるのは宗教であり、人間性を深く洞察した文学であると期待される場合もあろう。では哲学はいったい何をするのだろうか。

(二)「知っている」とは何か

ところで第二の問題、「知っている」「知らない」とはそもそもいかなる事態なのだろうか。それは、単にある個別の情報を持っている、あるいは、漠然と予測していたことが事実と合致していたといったクイズの「正解」ではない。何よりもそれは、誰に対しても言葉で納得のいく説明ができることを意味する。技術の場面でいえば、目標を達成するための一定の手順を示せなければならない。知識を「説明」とみなす考え方が、古代ギリシアのさまざまな場面での知識観に通底することについては、『哲学の原風景』(四一頁)でもふれておいたが、この点は後に改めて検討しよう。

(三) 無知の自覚の由来

第三に、無知の自覚はいったいどこから由来するのだろうか。「知っている」、また反対に「知らない」、という場合、それは直ちに、知っていると私が思っていることであり、反対に、知らないと私が思っていることでもある。いずれにせよ「私がそう思っている」

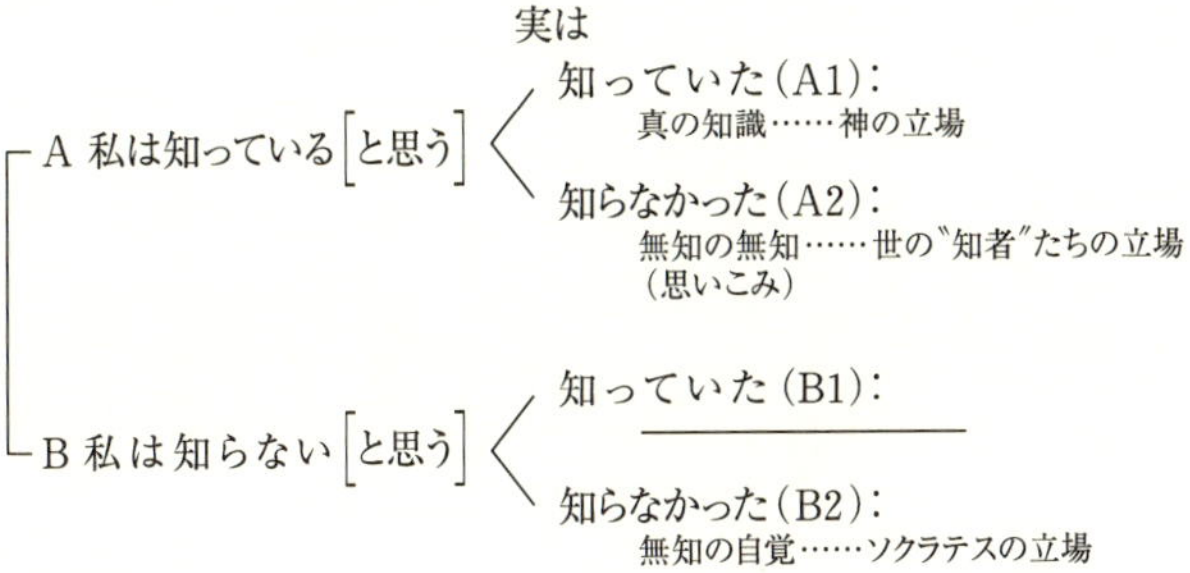

という枠を外すことはできない（もちろん「思う」という語が実際に発語される場合は、自分でも不確かであるという自信のなさの表明になるが）。

ところで、知っていると思う場合（A）、そう思っているし、事実知っていたという場合（A1）と、実際には知らなかった（A2）という二つの場合に分かれよう。言うまでもなく、前者が真実の知識であり、後者は、単なる知ったかぶり、思いこみだった（無知の無知）ということになる。

他方、知らないと思っている場合（B）も同様の形式で、私自身は知らないと思っているが、実は知っていた（B1）と、やはり知らなかった（B2）という二つの場合に分かれるだろうか。前者（B1）は「知の無知」とでも呼べようが、これは実際にはありえない。仮に「知っている」ではなくて「持っている」場合ならば、むろん（B1）の形式は十分可能であろう。たとえば、駅の改札口まで来て、財布を持っていないことに気づいたといった場合。「しまった、うっかり出がけに机の上に置き忘れた。急いで戻らなくちゃ」。このとき、私はいま、財布を持っていないと自分では思っている。ところが歩きかけてもう一度背広のポケットを探ってみたら、実は普段とは逆のポケットに入っていた、という事態は十分想定できよう。

何かを持っているのに、持っている事実に気づかないことはありうるが、(身体化された手続き的な記憶、暗黙知などはいま、別にして)何かを知っていながら、その知っていることに気づかない、ということはありえない。「持っている」という場合、所有の対象と所有者はとりあえず別のものである。「私の財布」とは別個の存在であり、所有とは一時的な偶然の関係にすぎない。「私自身」と「私の財布」とは別個の存在であり、所有は常に喪失の可能性と隣り合わせになっているのである。他方「知っている」という場合、知識の対象あるいはその内実と、知識の主体である私自身は、もはや別の存在とは言い難い。知識はすでにその主体である当の私(の心)の一部を抜きがたく構成している要素となっており、忘却という面を除けば、容易にこれを私自身から切り離すことはできないのである。

「知らないと思う」ことの確実性

つまり「知の無知」(B1)がありえないとすれば、「知らないと思う」ことは、事実そのとおりに知らないこと(B2)を含意するのであって、一見単純で消極的に見える無知の自覚は、たしかに一種の確実性を備えている。反対に「知っていると思う」ほうは、それが真性の知識なのか、知ったかぶりの思い込みにすぎないのかを確実に判別することが難しい。いくら実感としての確かさに頼っても、あるいは数学のような形式的な知識の例を持ち出してきても、徹底した懐疑の篩《ふるい》にかけるとき、内省だけによって確実で判明な真理に到達することがいかに難しいかは、その後もアウグスティヌス（三五四―四三〇）やデカルト（一五九六―一六五〇）によって繰り返し検討されてきた問題であった。

思い込みが暴露されて当人の無知が明らかになるのは、しばしば他者の視点からである。すでに知識を持っている他人から指摘されることで、われわれは初めて自分の無知に気づくことが多い。先の（甲）でも起こるし（乙）の場面では一層はっきりする。逆に、自分の孤独な思考の中から、その真偽を確認する道は難しい。では、ソクラテスが単純に「知らない」と言い切って、ある意味で確実な場所に立てるのに、政治家をはじめとするエリートたちのほうは、思い込みの闇から抜けだせず、無知の無知に陥ってしまうのはなぜだろうか。

知識の罠

この問題は単純ではない。だがその原因の一つは、おそらく「多くの人々から知者であると思われている」という事実と、「とりわけ自分で知者であると思っている」という自信との関係に潜んでいる。単に個別の情報や技術の習得だけからは「知者」という存在の自覚は生まれない。勝手に自分で知者だと思い込む誤謬は、実は他人からそう思われているという、いわば自己確認を支えとして成立しているのではないか。他人の評価という回路を媒介に、自己の虚像がしだいに膨らんでいくのである。ここには皮肉なことに、知識が人間を誇らせ、その結果もう一つ別の知識に関する決定的な無知へと転落させる危険な陥穽《かんせい》がある。われわれは、さまざまな学識を身につけて職を得、社会の中で有為な人材として働き、報酬とともに評判や名声も獲得する。だが同時にもう一つの闇が覆ってくることにはなかなか気がつかない。「学識経験者」が畑違いの分野の審議会に呼ばれたり、ノーベル賞受賞者が教育問題で発言したりする毎度おなじみの光景に、読者は人間の知識がもつ宿命的な悲喜劇を感じられるであろうか。ソクラテスの眼差しはまさにその点に向けられていた。

何であれ勝負ごとの要諦は、できる限り相手の立場に立って考えることにある。自分がやりたい手ばかり考えて、ひとり悦に作戦を練ってみても、予想外の挙に出られるだけで、絶対に勝てない。自分を他者の眼差しで見据えること、自分の内に秘めているものを外に出し、自他対称の言語の中で吟味に晒していくこと、「わかったつもり」を徹底して排除すること、そのための手段が対話問答であった。ソクラテスが「汝自身を知れ」というデルポイの神殿の碑文を自らの銘としながら（『パイドロス』二二九E）、ひとり内省のうちに沈潜するのみならず（『饗宴』一七五B、二二〇C）、誰とでも対話してやまない人であったということの意味は、おそらくこのあたりにも潜んでいるだろう。

（四）無知の自覚が導く場所

最後に、無知の自覚はいかなる積極的な意味をもつのか、そして無知の自覚は人をどこに導くのか、を考えてみたい。というのも、ソクラテスの「無知の知」はこの点で一般に少なからず誤解されているように思われるからである。

ソクラテスは、神だけが真の意味で知者なのかもしれず、それに比べれば、人間の知恵など取るに足らない。神託の中で神が言おうとしているのは、あるいはこのことかもしれない、と推測する（二三A）。このように、人知を超えた存在である神と対比することによって、人間の能力、特に知的な能力の限界を自覚させるというのは、なにもソクラテスに限らず、広く宗教の中でしばしば語られる言い方であろう。しかし、実はここに微妙な問題が潜んでいる。というのは、仮に人間の持つ知識の弱さや限界に気づくことが、個々の知識とは異なる水準にある一種の「悟り」であり、しかも無知を知るということこそ、いわば人間の知識の究極のあり方だとするならば、たしかにそれは一見慎ましく敬虔な態度に見える。だがこうしたうわべの謙遜は、内容空疎な自己の無知の状態を最終的な到達点として肯定し、それ以上の進歩や発展の余地を認めない、いわば無知の上に居直った知的な怠惰、無自覚な絶望、認識のニヒリズムといえる態度なのである。

ソクラテスにとって無知の自覚とは、知らないからそれでよいという自己肯定、あるいは認識への諦念と不可知論を結論として、そこに安住する「悟り」ではない。たしかに「善美のことがら」についての知を持っている（A1）のは神だけであり、人間の側では、自称「知者」のように、知らないくせに知っていると思い込む「無知の無知」の状態（A2）か、もしくはソクラテスのように、知らない以上は、またそのとおり知らないと思っているという無知の自覚（B2）に立つか、どちらかしかありえない。

しかし、この「知らないと思う」という状態は、ソクラテスにとって決して最終の目的地ではない。むしろ、「善美のことがら」こそ、人間にとって唯一知るに値する目標であり、探究すべき切実な課題として前進しなければならない。自己の無知の自覚は、あえてその困難な課題へ向かうための発条《ばね》であり、跳躍台なのである（『メノン』八〇D）。この点を誤解してはならない。だがそれはいかにして可能なのだろうか。第一、ソクラテス自身が、公言するとおり、確たる知識を持っていないのだ。彼を含めて、この課題について教えてくれる師は誰もいない。無知なソクラテスを相手に飽くことなく問答を繰り返すことが、なぜ真理へと向かう保証になるのだろうか（三八A）。ソクラテス問題の核心はこうした知と不知をめぐる逆説にある。そしてそれは、プラトンにとっても決して安易な回答を許さぬ巨大な謎だったのである。

参考文献

●T・C・ブリックハウス、N・D・スミス『裁かれたソクラテス』米沢茂、三嶋輝夫訳（東海大学出版会、一九九四年）

●I・F・スターン『ソクラテス裁判』永田康昭訳（法政大学出版局、一九九四年）

●田中美知太郎『ソクラテス』（岩波新書、一九五七年）

●岩田靖夫『ソクラテス』（勁草書房、一九九五年）

●松永雄二『知と不知』（東京大学出版会、一九九三年）

●三嶋輝夫『規範と意味——ソクラテスと現代』（東海大学出版会、二〇〇〇年）

●米澤茂『ソクラテス研究序説』（東海大学出版会、二〇〇〇年）

第3章　魂への気遣い～知を愛し求める生

原告メレトスへの尋問（二四C―二八A）を挿んだ『弁明』の後半（二八B以下）では、ソクラテスの破天荒な行動が生み出す周囲の敵意、憎悪、中傷が、やがてその臨界を超えて彼を抹殺しようとする。それでもなお、そうした活動を続ける意味があるだろうか、という架空の問答が展開する。ソクラテスは、トロイア戦争で戦死した伝説上の英雄たちの例を引きながら、行為をなすにあたって考慮に入れるべきは、生きるか死ぬかということではなく、ただ、正しい行いをなすのか、それとも不正な行いをなすのか、また、すぐれた人のなすことか、悪しき人のなすことか、という点だけに限られることを強調する。

たしかにソクラテスの発言は、「正論」かもしれないが、あまりにも無謀、もしくは現実離れしたきれいごとの理想主義のように聞こえるかもしれない。だが彼にとって、この主張はもっと身近な経験に裏打ちされていた。それは、自らの従軍体験である。ソクラテスは三〇代から四〇代にかけて、アテナイ市民の兵役義務を果たすために、前後三回にわたって出征した経験を持つ。戦場でのソクラテスが、敗戦の危難に際しても決して臆せず、隊列を乱さずに敵を睨みつつ堂々と退却し、また仲間の負傷兵を見殺しにすることなく救出して、勇敢に振る舞ったことは、友人たちが繰り返し証言するところである（『ラケス』

一八九A、『饗宴』二二一A)。兵士が生命を惜しんでは戦争はできない。マラトンの勇士たちが示したように、上官の命令に服して、たとえ危険な状況であろうが、自分に与えられた持ち場をしっかり守って踏みとどまることなしに、祖国の勝利はありえない。かつては一人の市民として自ら危険に身を投じてきたのに、周囲の敵意に曝されたからといって、神から定められた自分の持ち場をいまさら放棄することはおかしなことだ、とソクラテスは当然のように述べる。

知を愛し求める生

ソクラテス

ソクラテスにとって、自分と他人とを問答によって吟味し調べ上げること、われわれの浅薄な思い込みを打破して、相手にもまた自らの無知を自覚させるということは、単に職業とか趣味ではなく、何よりも神から与えられた自分の役目なのだ、という強い自覚に貫かれている。このような生き方を、彼はまた「知を愛し求めながら生きていかなければならない」とも述べている。「弁明」が最高潮に達した一七章には「知を愛し求める（ピロソペイン）」という語が三回登場する（二八E、二九C、二九D）。『哲学の原風景』序章（一六頁）で簡単にふれたように、「哲学」（philosophy）の語源にあたるギリシア語「ピロソピア」は前五世紀にようやく姿を見せる、いわば当時の新語であり、とりわけプラトンの著作において明確な輪郭を備えるにいたる。しかもこの語は何よりも、ソクラテスという一人の人物をめぐって、またとりわけソクラテスが携わっていた活動と密接不離に用いられている。名詞形ではなく、動詞の不定法、あるいは「知を愛し求めながら」という分詞形で登場するこの箇所は、まさしく哲学という知的営みの原型が顔を出している岩盤のように思われる。

それは、ソクラテスが自分に下された神託の謎解きの過程で発見した使命、すなわち、自分にとって唯一可能となる生き方そのものであって、対話問答による呵責なき吟味を通じて、アテナイの同胞たちを自分と同じ無知の地平へと招き寄せる方法だったのである。「知を愛し求める」という原義は、こうしてみると、単に雑多な情報の集積によってもの知りになるとか、生活を便利にし、誰からも非難されることなく上手に世を渡っていくという日常的な意味での「賢さ」とは対極にある。また、一つの信念とか信条、思想、世界観といったものを固く維持するということでもない。むしろ、ピロソピアという言葉は、知恵（ソピア）との強い緊張関係にある。一見誰もが知恵と見まがうものの正体を絶えず吟味し、洗い上げ、探究していく。そのために問答を通じて他者との協同作業を伴った生き方の選択だったのである。

生と死を超えるもの

しかし、こうした生き方はいやでも周囲の人々の誤解と反感を生み、やがて彼らの敵意がその臨界を超えて、自分の存在を抹殺しようとするだろう。ソクラテスは、知を愛し求めながら生きていくことを神から与えられた使命と理解し、そうした生き方を決然と受け入れるのだが、同時にその結末が辿るはずの不吉な運命も予感していた。自分に与えられた持ち場を死守することによって、そこで勇ましく戦死すべきことまでも、神は命じているのではないか。ソクラテスが生きる場所、あるいは神によって生かされる場所は、同時にソクラテスにとっての死に場所でもあったのである。

何のために生きるかについて悩む人は多い。それは、何のために生きるかが、意味をもつ問題だからである。だがその問題は、たいていは、何のために死ぬのかとは独立の問いであろう。不可避な自分の死に「なぜ」を発することは稀であり、せいぜい自分が描いた人生設計が頓挫し切断されることへの苛立ちや怨みの表明にすぎない。だがソクラテスの場合、自分の生の意味は、死の意味とほぼ同時に摑めてくることであった。自分はいったい何のために死ぬことになるのかが理解される人生は、はたして幸福だろうか、それともその必然はあまりにも過酷な重圧だろうか。

ソクラテスに謎をかけた神は、実はソクラテスを殺そうとする神だった。事実、デルポイの神託の主アポロンは、予言を司る神であるとともに、また枕詞「遠矢を射る」の厄病神、死神でもある。しかもこの死神様は、奇妙なことに、医術を司る神でもあったのだ（『哲学の原風景』六五頁）。ソクラテスとは、こうした多面相のアポロンに操られ、人間に対する神の呼びかけを実現するための駒であり、神と人をつなぐ特異な通路だったのかもしれない。

もっとも、このようにソクラテスを死に至らしめる神が、単に無慈悲で残酷だとばかりは言い切れないだろう。少なくともソクラテス自身は、決して死を最大の悪と考えているわけではなかった。最善と信じて自分をその場所に配置する、あるいは自分よりも優れた者と認める上官によって、ある持ち場を預けられたとすれば、そこではもはや死を勘定に入れてはいけないのだ、と語るとき、そこには死を人生最大の害悪だと考える発想はない（『哲学の原風景』五三頁）。

死への恐れ

たしかに、このようなソクラテスの発言は、われわれの素朴な常識とは乖離している。誰しも自分の行動を選択するに際して、生きるか死ぬかを全く考慮の外におくことは、特殊な場合以外はありえない。たとえ殉教を掲げた宗教原理主義が自爆テロを賞賛したとしても、命は無闇に粗末にしてよいものではあるまい。また、誰しもが死を恐ろしいと感じ、どうしても死を避けたいと願うのは、何よりも動物としての本能に根ざしていることである。何か危険を感じれば、とっさに身をかわすのは、冷静な打算や人生観とは無関係である。たしかに、総じて死ぬことは恐ろしい。そして、死の恐怖をいかに実感するかは人によってさまざまであろう。あるいは、同じ人であっても、年齢や置かれた状況に応じて、死に対する恐怖と受容のあり方はかなり異なってくる。

だが翻ってわれわれは、なぜ死を恐れるのだろうか。死の恐怖とはいったい何だろうか。そしてこの問題を改めて冷静に考えてみると、あまりにも当然と見えた死の恐怖は、しだいに輪郭がぼやけてくる。死ぬことによって、自分の意識がなくなることを恐れているのだろうか。だとすれば、われわれが毎晩安んじて眠ることができるのはなぜだろうか。明朝は目が覚めると疑わないから、安心して床につけるのだろうか。では「永遠の眠り」に対して、いつか目覚めること、たとえば「身体の復活」といった宗教の教義が信じられれば、死の恐怖は全く消えるのだろうか（知人の神父はそうだ、と断言したけれど、本当だろうか）。あるいは、死に際して予想される極度の苦痛が厭わしいのか（痛くなければ死んでもいい、という若者にはときにお目にかかる）。だとすれば、安楽死は望ましいと無条件で言えるだろうか。あるいはまた、親しい人ともはや二度と会えなくなる、別離の悲しみこそが、死の本質なのだろうか（岸本英夫『死を見つめる心』）。死の恐怖とは、卒業や引越しなど、自分が住み慣れた環境から引き離されようとする際に覚える哀しみと等価、あるいはその極限なのだろうか。それとも死とは特定の対象に向けられた恐怖というよりは、実存主義者の言うように無の関わる漠然たる「不安」なのだろうか（ハイデガー『存在と時間』第四〇節）。

たしかに、死ぬことによってわれわれは多くのものを失うように見える。人生設計は挫折し、楽しみは奪われる。そうした喪失の極限値として、死は恐れられるのかもしれない。では逆に、仮にわれわれが不死なる存在になったとしたらどうだろうか。不老不死は古今東西、栄華を極めた王侯貴族にとって究極の願望であった。臓器移植の向こうに予想される人工臓器の開発や、日進月歩の遺伝子治療など、現代の医療技術は暗黙のうちにそれを目指しているのだろうか。ことによると、人間が死ななくなることによって、今度はもっと別のものが失われることになりはしまいか。無限に与えられた時間の中では、今日この仕事をどうしてもやらなければならぬ必然性はない。祝祭なき日常の時間がどこまでも単調に延長するとすれば、努力、充実感、達成感といったリアルな感覚がどこかへ消えてしまう。死は人生の意味を剝奪するのか、それとも逆に意味を創造するのだろうか（ノージック『考えることを考える』第六章「哲学と人生の意味」）。

実存哲学の嚆矢《こうし》キルケゴール（一八一三—五五）は、早くからソクラテスを熱烈に愛好し、特にソクラテスの絶えざる否定の運動こそが哲学の無二の源泉であることを確信していた。彼は「世界で最も不幸な人の墓」という有名な逸話を残している（『あれか、これか』）。「世界で最も不幸な人」と書かれた墓を開けてみたら、なんとその中には死体がなかった、という。最大の不幸とは、もはや煩わしさから解放され、死んで（多くの墓碑銘に刻んであるように）「安らかに眠る」ことさえ許されない、つまり、自殺による最終解決すら叶わない不幸の極限状況を、キルケゴールは「絶望」という独特の概念で問題にしているのである。

ソクラテスは、死刑判決が確定し公判が散会した後、その場に残って無罪の票を投じた少数の支持者たちに向かい、死がはたして善いものなのか、悪いものなのか、最終的にはわからないものの、自分自身にとっては、それは善い希望である、と語っている（四〇C）。ソクラテスをある仕方で継承したストア派の哲人たちは、死は善悪いずれでもなく、ただ死に対する根拠なき恐れこそが悪であるとした（エピクテトス『人生談義』）。ソクラテスが何より恐れたのは、死ぬことではなくて、不正を犯すことのほうであった。他人に不正な仕方で害悪を与えること、それこそが最大の悪であると考えていたのである。なぜなら、不摂生の習慣によって身体の健康が損なわれるのと類比的に、不正を働くことによってわれわれの「魂」が破壊されていくからである。魂ができるだけ善いものになるように配慮しなければならない。金銭、評判、地位のことばかり気にして、思慮や真理をないがしろにしてよいのか、とソクラテスは問うてやまない（二九E）。ここでいう魂とは、真の意味で自分自身と呼ぶべき何ものか、と理解しておこう。ソクラテス最後の対話を描いた傑作『パイドン』では、処刑の間際に友人たちに遺言を尋ねられ、自分自身を大切にしてくれればそれでいい、とだけごく簡単に言い残している（一一五B）。自分を大切にするとは、他人の迷惑を顧みず、傍若無人に振る舞う浅薄な利己主義（エゴイズム）ではない。目先の利益や刹那の欲望に惑わされず、真の意味で「利益」や「善」とかが意味をもつ場所、それが「私自身」にほかならない。

真の自己とは？

とはいえ、「魂」とか「自分自身」といった言葉が何を意味しているかは、必ずしも自明ではない。自己とは、あるいは自分の心とは、対象認識以前の、あまりにも自明なことであるように錯覚されている。だがわれわれの日常生活においては、しばしば自分でないものを真の自分と取り違えているのではないか。そこで目先の欲に眼が眩《くら》んだあげく、犯罪、不正、支配欲、名誉欲など、さまざまな過誤が生じてくる。したがって、私自身とはいったい何であり、それをいかに把握しうるのか、という正確な自己認識こそが、よく生きること、立派に生きること、幸せに生きることに直結している、とソクラテスは考えていた。ここに合理性に根拠をもつ道徳や倫理の問題領域が開かれてくるのであり、ソクラテスが哲学を天から引きずり下ろし、倫理学の実質的な創始者であるとみなされたのも、こうした経緯からである（キケロ『トゥスクルム荘対談』第五巻一〇章）。

ところが、ここにはなお大きな問題が残っている。というのは、そういう肝心な事柄をソクラテス自身が知らないでいるからである。『弁明』の末尾で、彼は「人間にとっては徳その他のことについて毎日議論を重ねることこそが最大の善であり、吟味なき生活は生きるに値しない」と述べる（三八A）。しかしそれでは、当のことがらについて確たる知識を持っていない（と自認している）ソクラテスを相手に、連日当てもなく延々と議論を続けることが、なぜそんなに善いことなのだろうか。知らないソクラテスが、同じように知らない他人を導いて、彼らの魂を優れたものに、つまりは幸福にすることなど、いったいどうして可能なのだろうか。ここにソクラテス問題の最大の逆説がある。彼自身、自分の主張の正しさを確信しながら、それを説得することは容易ではないと認めている。

このように問題を掘り下げていくと、われわれの使っている言葉、心あるいは魂、幸不幸やさまざまな価値の概念、そして生と死といったことがらが複雑に錯綜しており、普段は何気なく通り過ぎている自明さの裏に、驚くほど巨大な深淵が口を開けていることが意識されてくる。それは決して実利を目指す処世術や経験則、ましてや実証科学や宗教的信念によっては解消されない問題なのである。ソクラテスの不思議な言葉と振る舞いとが、二千数百年の時を超えて、こうした問題を現代の読者に突きつけてくる。かつて神託の言葉が「謎」となってソクラテスに現前したように、今度はソクラテスの人間像そのものが、凝縮された逆説として読者の眼前にあらわれてくる。これがプラトンを読むときに、われわれの内に起こってくるはずの出来事なのである。

「汝自身を知れ」

デルポイのアポロン神殿には、参詣者に向けた神からの呼び掛けとしてさまざまな碑文が掲げられていたが、その中でも「汝自身を知れ」(グノーティ・セアウトン)という箴言は、「度を過ごすなかれ」などと並んで、伝説的な七賢人の奉納に帰せられる最も有名な言葉として知られている(『プロタゴラス』三四三B、『カルミデス』一六四E)。この言葉は、ソクラテスが自分の座右の銘としながら、同時にまだ、この神命を十分達成できていない身を告白している(『パイドロス』二二九E)。しかし、誰しも自分のことは自分が一番わかっている、と言いたい面もあるだろう。知れといわれて知らねばならぬ自己とはいったい何なのか。またそれは、いかにして可能になるのか、そもそもなぜそんなことが必要なのか。

「汝自身を知れ」と言われた場合、たいていそれは「自分の分をわきまえよ」「高望みをするな」という自己欺瞞への戒告としての自己認識の勧めと受け取られることが多い。事実、ローマ時代には「死を忘れるな」(メメント・モリ)と言い換えられ、死すべき有限の身を自覚して生きる格言とされた。文人の書斎に髑髏《どくろ》が置かれた泰西名画に接した読者もおられるだろう。

そしてまた、「汝自身を知れ」を実践する道も必ずしも一つとは限らない（『哲学の原風景』九九頁）。新プラトン主義とキリスト教の伝統が交錯する時代の「西洋の教師」アウグスティヌスは、自らの心の内奥に沈潜し、自分の意識を深く掘り下げていった地点で神と出会おうとする。内省の道を辿ることで神と相対する自己を知ろうという方法を開拓した（『告白』第一〇巻）。

これに対してソクラテスの場合「汝自身を知れ」と言われて、孤独のうちに内省や瞑想に専心したわけではない。むしろ、一見したところ全く逆に、市の広場（アゴラ）で毎日のように人々をつかまえては、勇気とはいったい何か、正義とは何か、徳は人に教えることができるのか否か、正しい人間は幸福なのか、総じて人間の生き方や倫理に関するさまざまな問題を飽くことなく問い続け、しかもなんらお互いに納得できる一義的な結論にいたるといったことは、ついぞなかったのである。

ソクラテスを継いだ人々

いったいソクラテスとはどんな人物だったのか。善くも悪くも彼の言動に強烈な影響を受けた人は、同時代人の中に決して少なくはなかった。ところが、それを継承し実践した道は多岐に分かれてくる。メガラ派の開祖エウクレイデス（ディオゲネス・ラエルティオス

シノペのディオゲネスとアレクサンドロス大王

『ギリシア哲学者列伝』第二巻第一〇章）は、ソクラテスの対話問答の特質でもある鋭い論理性に触発され、エレア派の影響もあって、論理学や弁証論の分野で大きな貢献をした。一方、ソクラテスの質実剛健で清貧な生き方に憧れ、無欲自足に徹する生き方こそが幸福の鍵であると考えて、一切の所有物を捨て浮浪者となって、世俗の価値を嘲笑し、托鉢僧のように禁欲に徹する一派も生まれた（犬儒派のアンティステネス〈同書第六巻第一章〉、シノペのディオゲネス〈第二章〉）。またこれと反対に、キュレネ派のアリスティッポスは、世俗の歓楽を拒まず、しかも決してそのうちに耽溺しないソクラテスの姿に示唆を受けて、多様な環境に柔軟に適応する特異な快楽主義の教説を展開し、後世のエピクロス主義に影響を与えた（第二巻第八章）。

　このようにソクラテスの後継者たちは様々に分かれて、それぞれ一派をなしたのである（小ソクラテス派）。彼らに共通の源泉である謎の人、ソクラテスを「なんだかよくわからない理屈をこねるが、とにかく偉い道徳家。自分の考えを曲げず信念を貫いた意志の強い人、理想に忠実だった真理の殉教者」とする理解は、依然として世間の最大公約数かもしれない。賢者にして偉人ソクラテスという美化され英雄視された像は、必ずしも間違いではなかろうが、彼をわれわれとは全く次元の異なる地平に住む存在として思想史の神棚に祀り上げるならば、仮に、ソクラテスの哲学を問題にし、哲学を学ぶ上では、失敗だといわざるを得ない。むしろ、われわれが目指すべきは、このソクラテスの奇妙な生き方、不思議な論理を備えた独特の対話問答がいったい何によって支えられており、どのような前提によって導かれてくるのかを、まさしくソクラテスに倣って、徹底した吟味の篩にかけることである。

ソクラテスの一見奇妙に思われる、崇高とも非常識とも映る言動こそ、実に思索の無尽蔵の源泉である。それはいったい何を前提にして導かれたのか。そこに隠された論理とは何だったのか。それを分析し凝視していく過程で、今度は逆に、いったいわれわれ自身は、いかなる前提に乗って、ほかならぬ自分自身の生を生きているのか、知らず知らずのうちにその秘密が暴かれてくる。謎の人ソクラテスは、われわれの自己認識にとって格好の鏡なのである。

参考文献

●R・グアルディーニ『ソクラテスの死』山村直資訳（法政大学出版局、一九六八年）
●エピクテートス『人生談義』鹿野治助訳（岩波文庫、上下、一九八〇年）

●斎藤忍随『アポローン――ギリシア文学散歩』（岩波書店、一九八七年）
●林竹二『知識による救い――ソクラテス論考』（『林竹二著作集1』筑摩書房、一九八六年）
●テイラー『ソクラテス』林竹二訳（桜井書店、一九四六年）
●ニーチェ『悲劇の誕生』塩谷竹男訳（『ニーチェ全集2』ちくま学芸文庫、一九九三年）
●山本光雄、戸塚七郎編訳『後期ギリシア哲学者資料集』（岩波書店、一九八五年）

プラトン

Platōn

第2部

第4章　戯曲の中の哲学〜プラトンの作品

プラトンの伝記と時代背景

多彩な顔ぶれのソクラテスの継承者たちのうちでも、卓抜な戯曲の手法でソクラテスの対話活動を甦らせ、今日にいたるまで哲学の不朽の原型を据えたのがプラトン（前四二七—三四七）である。ごく普通の庶民の出身であったソクラテスに対して、プラトンはアテナイでも屈指の名門貴族の家系に生まれたが、その四年前（前四三一年）には、すでにスパルタとの間でペロポンネソス戦争が始まっていた。休戦期間を挿む前後三〇年間にわたってギリシア世界を二分するこの悲惨な内戦によって、やがてアテナイは没落の運命を辿る。爛熟した文化を誇る祖国アテナイが転落する政治的混乱期に、彼はその青年時代を送ったことになる。

プラトンは、当時の名門家庭に育った青年に共通する夢として、私的な利殖や成功ではなく、あくまで公人政治家として活躍することを志望していた（『哲学の原風景』一五八頁）。しかし、ペロポンネソス戦争開戦直後、民主派の有力政治家ペリクレスの病死（前四二九年）後、アテナイの誇る民主政治はしだいにクレオンら大衆煽動家（デマゴーグ）の跋扈《ばっこ》する衆愚政治へと変質して、度重なる失政や敗戦、同盟諸国の離反を招いた（アリストテレス『アテナイ人の国制』第二八章）。やがて戦争末期の騒然たる状況の中で、身近にいた二人の親類（叔父カルミデスと遠戚クリティアス）が「三十人政権」と呼ばれる反動的独裁政権に参加して恐怖政治をしき（クセノポン『ギリシア史』第二巻第三章）、最後には非業の死を遂げる（前四〇三年）。そして、ようやく回復した民主政のもとで、彼ら二人や一代の寵児アルキビアデス（前四五〇―四〇四）らアテナイを擾乱に陥れた反民主政の元凶たちの思想的な黒幕とみなされたソクラテスが告発され、死刑判決を受ける（前三九九年）にいたる。こうした一連の事件を前にして、やがてプラトンは、直接政治の場に参加することに大きな困難を感じていった（『第七書簡』三二四B―三二六B）。

それでもなお理想国家の建設を夢みていた彼は、その可能性を探るべく前後三回にわたって遠く南イタリアのシケリア島シュラクサイを訪れたが（前三八八年、三六七年、三六一年）、当初、開明君主としての期待を託したディオニュシオス一世はごく凡庸な俗人にすぎず、理想国家実現の夢は水泡と消えた。

第一回シケリア旅行から帰国した四〇歳の頃、アテナイの北西郊外アカデメイアに門弟を集めて学園を開いた（前三八七年）。数学的科目を中心に独自の理念にもとづく哲学教育と、共同生活を基盤とした高度な学術研究は、高等教育学術機関の模範となり、今日でもアカデミー、アカデミックといった言葉にその名残りをとどめている。この学園には、後にプラトン六〇歳のとき、マケドニアから上京した一七歳のアリストテレスが入学する。

プラトン家系図（出典：J.Burnet, *Greek Philosophy I*, Appendix）

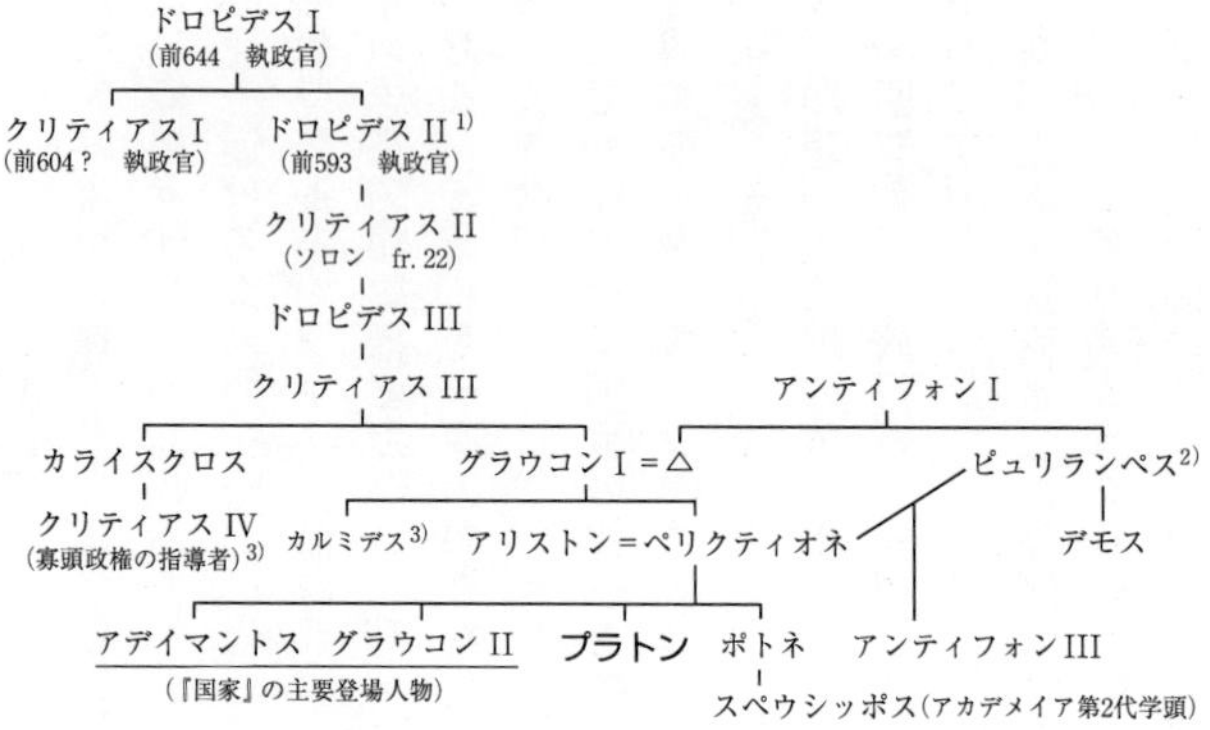

注　1) ソロンの友人であり、親族であった。
2) ペリクレスと親密な関係にあり、その政治の支持者であった。
3) ペロポンネソス戦争の終戦時（前404～03）の三十人政権の指導者であり、非業の死を遂げた。

そして、その後長らくアテナイのみならず全ギリシアの学芸の象徴として（紀元後五二九年、東ローマ皇帝ユスティニアヌスの異教思想教授禁止令によって学園が閉鎖されるまで）、古代地中海世界の学問に決定的な影響を与え続けることになったのである。

　ソクラテスが七〇歳で刑死したとき、プラトンは二八歳。アデイマントス、グラウコンといった兄たち（『国家』の主要登場人物）の影響で、それまで一〇年近くソクラテスと交流があったろう。おそらくその直後、三〇歳頃から著作を始め、八〇歳で死ぬまで続けた。その著作は、死後も学園アカデメイアの中で大切に保存・複写され、弟子たちの間で回覧されて共有され、引用された。その結果、今日まで散逸した著作は一つもないと考えられるが、これは古代の作家としては稀有な例である。現在までプラトンの名で伝わる三六の著作のうち、明らかに別人の手になる偽作数編（おそらく門弟の習作・模作が著作集編纂の際に紛れ込んだ）を除く二五〜二七編ほどが、真作である（数編については真偽がなお議論されている）。

プラトンの著作はすべて、対話篇と呼ばれる一種の戯曲である。普通の演劇と違って、出来事や事件の推移、あるいは人物同士の感情を吐露した台詞の交錯が描かれているのではない。哲学的な論題をめぐって、二人から、多い場合には一〇人近くの人物が、互いに問答を交わす形式の文学作品である。登場人物が直接台詞をやりとりする純粋戯曲型と、過去に行われた対話の模様を一人の人物が回顧・報告する物語型、両者の混合型に三区分されるが、いずれにせよ、たいていの作品で対話を動かしている中心人物はソクラテスである。はじめから舞台での上演を意図したものではないが、単に黙読されるのではなく、ラジオドラマのように実際に朗読された可能性もある（『テアイテトス』一四三C）。

対話篇の誕生

本書の冒頭第一章で、ソクラテスは一冊も書物を著さなかったと述べた。つまり、ほかの作家による「ソクラテス文学」（アリストテレス『詩学』第一章）を除けば、ソクラテスとは、プラトンの戯曲の中で発言している「登場人物」なのである。他方プラトンは、真偽の定まらない『書簡』数通を除けば、戯曲の作者である以上、一人称で自説を語ることはない。主人公「ソクラテス」の発言は、はたして史実のソクラテスに重なるのか、プラトンの代弁者にすぎないのか。対話劇の中で、俳優ソクラテスと作家プラトンとは、いわば一つに溶け合っている。作者プラトンは、素顔のままでは舞台のどこにもいない。しかし劇作家としては作品の隅々まで支配している。したがって、対話篇の本文を典拠にソクラテスの説とかプラトンの思想を語る場合、この両者を截然と区別することは必ずしも容易ではなく、そのためには細心の読解が要求される。たとえ中心人物ソクラテスであれ、誰か一人の登場人物の台詞の一部だけを単独に取り上げて、そこで語られている発言を文脈を無視して、いわば「生のまま」ソクラテスの主張であるとかプラトンの教説であるとみなすことはできない。登場人物の配置、対話の推移の中で、話がどのような展開を遂げるのかを、目を凝らしてよく見極め、その陰で、劇作家兼演出家として、舞台全体を操っているプラトンの意図を読み取らなければならない。登場人物の間での合意が実は誤解に基づく同床異夢であったり（『プロタゴラス』三五二D）、対話に加わらない無言の傍観者の存在が対話の遂行に決定的な圧力として作用したり（『ゴルギアス』四八二D）、一時的な退場が重要な意味をもったり（『リュシス』二一一A）、架空の発言者を想定する劇中劇の効果（『クリトン』五〇A、『ヒッピアス（大）』二八六C）など、対話篇には幾重もの巧妙無類な作劇上の技巧が張り巡らされている。だからプラトンを読解するためには、作品の一部だけを読んで性急な結論を求めてはならない。自転車に乗るように決して立ち止まらず、絶えず全体を眺めつつ台詞の細部と行間とを読み抜く、細心の複眼的視点と文学的センスが要求されるのである。

二〇世紀における数理論理学の進歩に決定的な足跡を残した英国の思想家ホワイトヘッド（一八六一―一九四七）は「西欧哲学の伝統について最も確かな一般的な特性描写は、それがプラトンについての一連の脚註から成り立っていることである」という有名な言葉を残している。これは通常誤解されているように、教条的なプラトン主義が悪しき形而上学として西洋の知的伝統を覆ってきたという（それゆえニーチェの批判に重なるような）事実を述べているのではなく、「過度の体系化によって硬直する以前の知的伝統を継承した」という意味で、プラトンの著作の中に、今日なお哲学者の間で議論され続けている哲学の基本問題の原型と探究の精神とが登場したという事態を指している（『過程と実在』第二部第一章、田中裕『ホワイトヘッド・有機体の哲学』講談社）。

約二七に及ぶ対話篇は皆どれも個性的で、代表作が同時に異色の作品でもある。翻訳で一〇頁に満たない短編から、七〇〇頁を超える超大作（『国家』全一〇巻、『法律』全一二巻）まで、そこで扱われている主題、作劇技巧、ソクラテスの役割など内容の点で、また文体の面でも、かなりの幅がある。一九世紀以来、研究者の多くは、こうした作品の多様性を、前後五〇年にわたる執筆年代の違いに対応させることで整合的に理解しようと考えている。つまり、文体、問題関心の所在、探究の方法論などが、生涯を通じて少しずつ変化、発展を遂げた結果、それに応じてこれらの対話篇の間にも多様性が認められる、という見方である。そこで便宜的に、三〇代の若い時期の著作を「初期」、アカデメイアを開学した四〇代以降の作品を「中期」、そして(アリストテレスが入学してきた)六〇歳以後の晩年を「後期」としよう。以下、それぞれの時期の代表作をいくつか取り上げながら、プラトン哲学の特質や問題点の所在を具体的に見ていきたい。

初期作品の代表

初期作品の代表として、はじめに『ラケス』を取り上げたい。この作品は、古くから「勇気について」という副題がつけられており、都市国家の市民としての重要な徳目であった勇気をめぐって、あるいは若者の教育について、当時のアテナイを代表する将軍二人とソクラテスとが問答を交わす。翻訳では文庫版で八〇頁にも満たないから、全体を一読するのに一時間もかからない短編である。ソクラテスはこの中で「勇気とはいったい何か」を二人の将軍に向かって問い尋ね、彼らが提出する回答を逐一吟味していく結果、最終的に「勇気とは何であるか」の十分な規定を与えることはできず、お互いの無知を確認しつつさらなる検討を約束して別れる、という内容である。

このように、(一)構成が比較的単純で、短編である、(二)青年の教育や徳の相互関係など、総じて倫理の問題が扱われている、(三)ソクラテスが自己の教説をまとめて述べ

装甲歩兵のレリーフ

るのではなく、何よりも問う人として登場する、（四）最終的に正解が得られず、行き詰まり（アポリア）に終わる、といったいくつかの特徴から、『ラケス』はプラトンの初期作品の典型であり、同時に、ここに描き出されるソクラテスの姿は、おそらく実在した人物ソクラテスの面影を比較的忠実に反映しているとも見られている。

問答の発端

さてこの作品は、重甲術（鎧・兜に身を固めて戦う歩兵の戦闘技術）の教師がアテナイにやってきて実演を披露し、その模範演技を一同が見終わったところから始まる。リュシマコスとメレシアスという二人のアテナイ市民が、自分たちの息子に立派な教育を施したい、その手はじめとして、最近町にやってきた評判の高い重甲術という技芸を息子たちに習わせてはどうか、と著名な二人の将軍（ニキアスとラケス）に意見を求めた。当時の市民（成人男子）には、兵役の義務があった。戦場で醜態をさらしているようでは、同胞の間で重きを置かれる人物には到底なりえまい。そのために、特に前途有為の青年が普段から身につけておくべき素養がいくつかあり、重甲術はそうした教育のために役立つだろうか、と尋ねたのである。現に二人はいずれも名士の父親をもつが、放任教育のために、ごく平凡な一市民の域を出ないままでいる。今日の身近な例でいえば、「国際化」が標榜される中で、幼児期から英語を習わせるほうがよいか、と子どもの教育問題に悩むお父さん、といった役回りであろう。

ところが、彼らから諮問を受けて、専門家であるはずの二人の将軍の意見は正反対に分かれてしまう。ニキアスは有益だと推奨し、ラケスは無用だと退ける。そこでメレシアスとリュシマコスは、その場に居合わせたソクラテスにも意見を求めることになるが、ソクラテスは、自分では青年の教育について確かな知識を持たないし、若くて経験にも乏しい。むしろ、すでに自身の見解を披瀝したニキアスとラケスの二人をつかまえて離さずに、さらに彼らに意見を求めたらよい、と勧めるのであった（一八一C、一八六D）。そこで、前四二一年、スパルタとの和平を実現させた（ツキディデス『戦史』第五巻一六）智将として名高いニキアスは、皆に向かって次のように語る。

ソクラテスに近づいて互いに話をしていると、初めは何か他のことについて話していても、彼の言葉（ロゴス）に引っ張り回されて、しまいには必ず話がその人自身のことになる。現在どのような生き方をしているか、いままでどんな生き方をしてきたのか、説明させられる羽目になる。いったんそうなると、その人の言ったことを十分に吟味してしまうまでソクラテスは離そうとしない。（中略）とはいえ、私はこの人とつき合うのが楽しいし、自分たちの行いが立派でないことに気づかされるのは、決して悪いことではないと思う。（中略）ソクラテスに吟味されることを避けない人は、それによって今後の生活に対して前よりも用心深くなるだろう。だから、ソクラテスがこの場にいる以上、話は青年たちの教育のことではなく、われわれ自身のことが問題になるに違いない（一八七E—一八八B）。

ソクラテスと親しいニキアスはこう述べて、対話の行く末をひそかに予感している。他方、闘将ラケスのほうは、口先ではなく行動しか信じない現場の人間である。ソクラテスの議論のやり方は知らないが、かつて一緒に実際の戦闘に従軍した経験を持っている。戦場におけるソクラテスの振る舞いは、誰の目から見ても実に立派で勇敢であった（『饗宴』二二〇E—二二一C）。かつての振る舞いから推して、ソクラテスの人柄は十分信頼に値する。だから喜んで自分はその議論につき合おうと言う（一八九A—B）。そこでまず初めに、ラケスを相手にソクラテスの問答が始まる。

さて、二人の市民が相談を持ちかけてきたのは、彼らの息子の魂が、徳（卓越性）を持つことで、前よりすぐれたものになることを願っているからにほかならない。無論ラケスもその点に異存はない。「すると」とソクラテスは問いを進める。何よりも「徳とはいったい何であるか」を知っていなければならない。仮に「徳が何か」ということさえ、われわれが全く知らないとすれば、いかにして見事にそれを身につけるかを、他人に向かって助言する立場にはなりえないだろう。ラケスはこれにも同意する。そこでソクラテスは「それが何であるかを知っている」ことを「われわれが認めている」という同意を取り付ける。次に「自分が知っているものなら、それが何であるかを言うこともできるはずだ」と畳みかける。ラケスは当然という顔で異論を挿まない。さて準備万端整ったところで、いよいよソクラテスは「勇気とはいったい何であるか」をまず言ってくれるよう促す。青年たちが、いかにして勇気を自分のものにするかは二の次である（一九〇B—E）。

合意された三つの前提

こうして作品の後半では、いよいよソクラテスによる吟味が始まる。だがここまでの部分で、二人の間で合意されたことのうちに、実は重大な前提がいくつか潜んでいることに注意しよう。すでに自分がソクラテスの仕掛けた罠にはまっていることに、ラケスはまだ気づかない。

第一は、そもそも「何であるか」という問いが、「いかに獲得したらよいか」という問いに先行すべきだとするソクラテスの主張である。「何であるか」という問いと、「どうしたらそれを獲得できるか」、一般に「いかにあるか」という問いは、水準を異にする問題である。どんな勉強をすれば受験に成功するか、どの株を買えば儲かるか、どうやって素敵な異性にめぐりあうか、世間一般の関心はもっぱら「どうすればよいか」というハウ・ツーの知識に向かっている。

その場合、獲得する目標がいったい何であるかについては、当然すでに了解ずみであり、誰も改めて問うたりしない。だがソクラテスは、その前にまず、われわれがわかっている（と自認する）「何であるか」を問うてみることを提案する。ソクラテスの対話には、ドイツ観念論やポストモダン言説のような、難解で抽象的な専門用語は一つも出てこないが、見かけの読みやすさに騙されてはならない。決して珍しい事件でも新製品でもない、手垢にまみれた「勇気」のように誰でもが知っている言葉を取り上げて、「何であるか」を改めて問うという行為は、われわれの日常の会話の中に決して登場してこない。つまり、ここから先、読者は日常のおしゃべりの地平を離れて、いつの間にか哲学的な異次元言語空間へと入り込んでいくのである。

第二の前提。ソクラテスは「自分の知っていることならば、それを語ることもできる」という点をラケスに確認させる。たしかに専門的な技術や学問の場合、「知っている」ことは「説明できる」ことにほかならない。練達の職人芸を前にして「なぜ」と問うてみれば、いかに単調で些末な仕事に見えようと、技術に裏打ちされた作業には、その隅々にまで合理性と必然性が貫徹していることに驚かされるものである。反対に、説明できないならば、それはわかっていない証拠になる。

さて「勇気とは何か、言ってくれ」というソクラテスの問いに対して、ラケスは自信満満「戦列に踏みとどまって敵を防ぎ、逃げようとしなければ、その人は勇敢な人なのだ」と答える。無論それは誤りではなかろう。だが、たしかに槍ぶすまを突き立てて孤塁を死守する歩兵戦ではそうかもしれないが、騎馬隊の戦法なら、むしろ機動力を生かしてあちらこちらへと逃げながら敵を幻惑して戦うではないか、とソクラテスは指摘する。ソクラテスは続けて、騎馬戦のみならず戦闘全般において、また海難事故、病気や貧乏に際して、さらに、苦痛や恐怖に対してだけではなく、欲望や快楽に対しても立派に戦うことのできる人、つまり、およそ「勇敢に戦う」という言葉が使えるあらゆる場合に共通する一つのものはいったい何か、を改めて問う。これが第三の前提である。

こうした諸前提に対して、ラケスはいとも簡単に同意を与えてしまったために、問答が進むにつれて、ソクラテスによって論駁され、口を封じられてしまう。

「こんなにも自分の思っていることが言えないなんて、何ともいらいらする。勇気とは何かくらい、自分はわかっているつもりでいたのに、さっき言葉でつかまえようとしたら、どうしたわけか逃げられてしまった」(一九四B)

説明と直示

わかっているつもりなのに、いざ説明しようと思うとできない。だがそれはなぜだろうか。もう少しわかりやすい単純な例から考えてみよう。例えば「赤」という言葉を、本書の読者であれば誰しもご存知と思う。「赤い」という語を知らない、わからない、聞いたことがないとしたら、それはまだ日本語をよく知らない、幼児か外国人だけであろう。色の名前がいくつあるのかはさておき、われわれは「赤」という言葉を十分了解し、日常何不自由なく使っている。「赤信号では止まる」ものであり、「赤色の栓をひねれば（赤い水ではなく）お湯が出る」のはよくわかっているし、「今月の赤字」「赤ちゃん」「真っ赤な嘘」「赤の他人」といった比喩的な意味の広がりも理解している。またひと口に同じ「赤」と言っても、ワインの赤、ポストの赤、夕焼けの赤、リンゴの赤……などそれぞれ微妙に色合いが違うことも同時にわきまえている。では、これらをすべて「赤」という同じ一つの言葉で理解している以上、「当の赤とはいったい何か」と改めて問われたらどうだろうか。

たしかにそれが「色である」ことは間違いない。では「どんな」色なのか。上位の類概念（色）に対して、種差を特定して定義を完成せよといわれた途端、われわれは困惑に陥る。そこで物理学の知見に基づいて、特定の範囲の波長をもつ電磁波として定義することも考えられよう。法律の制定に際して、条文の客観性を確保するために、しばしばこうした規定が採用される。だが虹を見てみれば気づくように、色相は連続した階梯をなしており、微妙な変化のどこに境界線を引くかは、むしろ何を赤と判断するかの指標が先行する。極地に住むエスキモーの言語には「白」に相当する語彙が実に十数種に及ぶといった報告があるように、世界を区分する網目の精粗は、言語を使用する生活のあり方にかかっている。ここまで来たとき、われわれは、すでに言葉による説明が尽きてしまうと感じざるをえない。「右」とは何か。辞書には「左の反対」とある。では左とは何か。それは右の反対である。誤りではないが、これでは説明が循環してしまう。たしかに、誰しも「赤」「右・左」といった語を十分理解しているのだが、それが何かと改めて問われれば、もはや言葉で説明するわけにはいかない。

このことは、そもそも自分がいかにしてこの言葉（の意味）を知るにいたったのか、あるいは、どのようにこの言葉を他人（外国人や幼児）に教えるか、その手続きを反省してみれば、多少とも明らかになろう。つまり、これらの言葉は専門学術用語とは違って、誰しも「赤とはしかじかである」と言葉によって子供に説明したり、親から言葉による説明を聞いた結果、理解したわけではない。実際に「赤いもの」を指さして、「これが赤である」という仕方で教えられたのである（直示的定義）。

意味と使用法

オレンジ色、ワインカラー、藍色、肌色など、色の名前は、原色や基本色（黒白赤青黄）を除けば多くの場合、その色合いを持つ標準的な自然物の名称から取られている。たいていの日本人は、子どもの頃に「箸を持つほうの手が右、茶碗を持つほうの手が左」と習う（人によってはその反対）。そして、いったん右、左という言葉が理解できれば、次にはそれを応用して「東西南北」の方位が説明できる。こうして知能の発達とともにしだいに手持ちの言葉を増やしていくのだが、その最も根底にある基本的な語彙は、説明ではなく直示による定義を通じて学んだのである。つまり、ある語を知っている、その言葉の意味がわかっているとは、実はその言葉の「使用法」を心得ているにすぎず、説明能力を必ずしも含意しない。日常生活の様々な状況で、間違いなく使うことができれば、その言葉についてわかっているといってよい。日常語とは何よりもまず、判別語（赤いか、赤くないかの識別）として機能しているのである。

言葉の意味は、その一義的な指示対象ではなく使用法にあるとは、二〇世紀の巨匠ウィトゲンシュタイン（一八八九—一九五一）による極めて重要な着眼であった。複写機、電話、電算機といった身近にあふれる複雑な機械がいったいどういう原理で動くのかは、製造元の技術者以外誰も知らない。それにもかかわらず、特定のボタンを押せば縮小の複写が取れる、用紙は手前の蓋を開けて交換するなどといった、目的とする機能に対応した使用法さえ心得ていれば、その機器はわれわれの手足の延長のような便利な道具として、世界と自分とをつなぐ透明な通路となっているのである。機械が故障した場合に修理に呼ぶ技師は、語源や外国語の知識を持った言語学者になぞらえられよう。

「赤」をはじめとする日常語は、何かを指示しつつ「このリンゴは赤い」「あの夕焼けは赤い」と語るように、常に述語の側にだけ登場するのであり、逆に当の言葉を主語に据えて「赤とは」しかじかである、と述語の側で説明することはまずない。したがって、赤い色を実際に見たことがない人（先天的な視力障害者や色覚障害者）であっても、赤信号や赤鉛筆という言葉によって多少とも相互に意思の疎通がはかれる限り「赤」という言葉を了解している。直接見た経験なしには理解できないとすれば、「赤外線」や「邪馬台国」などの言葉も無意味になろう。

だがこうした考察は意外な系を含んでいる。つまり言語の意味がその使用法にもっぱら依存しているならば、私が現にいま目の前に見ているこの赤い色が、隣の人にも同じ色として見えているとは限らないことになる。しかもその当否を確かめる有効な検査法はない。私ひとりだけ、色の見え方が常人とは異なっていると仮定してみよう。ネガフィルムのように、他人が「緑」と見る色が私には赤く見え、逆に「赤」が緑に見えるとする（スペクトル逆転の仮説）。だがいかなる検査も、最終的には言葉を使用する場面での適否を判定するものである以上、文字どおり「他人の目でものを見てみる」ことでもしない限り、この仮定の当否は確かめようがない。

検証あるいは反証の手続きを明示しえない命題は、そもそも真偽以前の「無意味」とされる。だから、他人と自分が見ている色が同じかどうかなど、たいていの人が気にもとめずに過ごしているのは、その意味で健全な常識である。だがいったんその「当然の事実」に疑いを抱きはじめたら、こうした認識の蟻地獄から抜け出す道はない。性格の善し悪しにかかわらず、心をもつ以上、誰しも人間は原理的に孤独である。普段それを痛切に意識しないでいられるのは、身近な人間同士での意識せざる愛情や信頼に支えられているからであり、それがひとたび崩壊して深刻な人間不信に陥れば、屁理屈とも不毛とも見えるこうした問いは一挙に現実味を帯びてこよう。懐疑の深淵は、こうした身近な場面で口を開けて待っているのである。世間が無関心を装っているこうした問題にリアリティを感じるとき、ひとは哲学という迷宮への扉を開くことになる。

ソクラテスの問いのねらい

ラケスの最初の回答は、ソクラテスにあっけなく論駁される。だがいとも簡単に破れたかに見えるラケスの「戦列に踏みとどまって敵を防ぎ、逃げないで戦う人は勇敢な人だ」という答え方は、まさに直示的定義の典型であろう。相手のソクラテスはかつての戦友であり、現に一同は重甲術の演技を見たばかりなのだから、これこそ最も有効な定義だと考えたのも無理はない。ラケスの答えは、徹底して健全な常識の線で動いている。おかしなことをやっているのはソクラテスの側なのである。問われた相手は、こうして「わかっているのに言葉で摑まえられない」という事態に追い込まれる。ではなぜ、ソクラテスは、あえて日常の言葉遣いの慣習を破棄してまで「何であるか？」を問い求めたのだろうか。

虚構と現実

ところで、いま例に挙げた色の場合には、目の前にあるどれか実物（赤いもの）を指させばこと足りる。やや特殊な例、例えば「萌黄色《もえぎ》」とは何か問われた場合、ただちに手近にある事物を指すわけにはいかないが、色彩見本を示せばよい。最近の原色百科事典では、色の項目には実際の色見本が示される場合が多い。では「勇気」の場合はどうだろうか。

おそらく本書の読者も「勇気」という言葉は（あるいは「勇敢」「臆病」「向こう見ず」「命知らず」も）十分ご存知であろう。ではそれは一体どこで直示されて身につけたのだろうか。実はこうした概念の習得にあたっては、日常生活の場面以外に、もっと別の回路が存在する。つまり、演劇、小説、映画、あるいは最近であればマンガを通じて、現実には身のまわりで体験することの難しい典型的な状況や模範となる人間像を描き出し、それを指示対象として、これこそが友情だ、これが正義だ、勇気、献身、愛、知恵とはこういうものだという了解を（しばしば劇的な感動を伴って）成立させていく仕掛けである。矮小な社会主義リアリズムに限らず、どの文化もこうした教育的機構をなんらか有しているものである。当時のギリシアでこうした役目を果たしたのは、何よりもホメロスやヘシオドスといった叙事詩や、アテナイの興隆とともに急速に完成度を高めた演劇であった。

虚構（フィクション）は、たしかに現実ではない。その意味で、文芸は現実の二次的な模倣にすぎない。だがこの虚構を通じて、平板な現実以上の圧倒的な現実感を示すことがある。ゲーテの造形したウェルテルを真似た若者の失恋自殺が相次いだり「人生は芸術を模倣する」例は意外に多い。『ソクラテスの弁明』の中で、自他ともに認める知者として、政治家の次にソクラテスが訪問したのは、悲劇詩人・作家たちであった。それは、当時の詩人が、フィクションを通じてさまざまな徳目や人間の理想像を鮮烈に描き出し、徳とは何かを直示する実質的な教育者でもあったからである（『メネクセノス』二三九C、『国家』五九九C）。

忍耐心——勇気の第二の定義

対話の本筋に戻ろう。「勇敢に戦う」という言葉が意味をもつ多くの場面に共通する本性はいったい何か、と改めてソクラテスに問われたラケスは、「一種の忍耐心（カルテリア）である」と答えた（一九二B）。この第二の回答は、第一の回答がもっぱら外面的な行動の類型（踏みとどまって逃げない）を指していたのに対して、心の状態という、いわば内面的なあり方に注目した点で、第一の回答と相補的な面をもつ。「勇気」と訳されるギリシア語「アンドレイア」は（女性蔑視をも含意する）「男らしさ」を意味するが、この語に相当するラテン語の「堅忍」（fortitudo）は、むしろこの忍耐強さに近い。ものに動じない剛直な大胆さである。

これに対してソクラテスはただちに反論せず、どんな場合でも単純な辛抱強さがそのまま勇気とはならないと言って、微妙な修正を加えた。武人ラケスにとって、勇気とは何にもまして麗しく立派な美徳である。だが「思慮分別」を伴わない忍耐強さは、立派で善いものとは言い難く、むしろ有害で悪しき行為であろう。そんなものを到底、立派であるとはいえないことを、ラケスは認めざるをえない（一九二D）。たしかにいくら我慢強く危険に耐えているとしても、無知による単純な鈍感さは勇気とはいえまい。真に恐れるべきものを恐れるのは当然である。恐れる必要のないものまで闇雲に恐れるのは臆病だが、絶対に勝算のない戦争を始めるのは無謀であり、命をやたらと粗末にする無鉄砲や命知らずが勇気なのではない。

勇気とは何かを考察する際、ここで、自分の置かれた状況を認識する知的要素が問題になる。ではこの「知」はいったい何に関わり、何を知っていることなのだろうか。戦闘の最中に、援軍がやってくる確証があったり敵勢の数が予測できたりして、戦況を十分把握したうえで踏みとどまっている場合よりも、敵情がわからず自軍からの情報も途絶した不安な状態の中で、しっかりと頑張って持ちこたえているほうが、一層勇敢なのではないだろうか。こうして勇気の本質に関わる「知」をめぐる複雑な問題が持ち上がってくる。

恐れと知識

「勇気」と「知」の関係には微妙なものがある。たしかに誰しも、よく知らないからこそ大胆に振る舞える場合がある（怖いもの知らず）。実際の行動だけに着目すれば、わけもわからずに戦っている人のほうが勇敢に映ることも多い。ところが逆に、状況をきちんと把握できればよく我慢できるという面もある。都心の駅のホームでは「電車は○○駅を出ました」という表示が点灯するが、あれは何のためにあるのだろうか。うっかり寝坊した朝の通勤時など、遅刻しそうでいらいらした経験は誰しも覚えがあろう。もう少しで電車が来るのか、当分待たねばならぬのか、状況がわかれば少しは落ち着きもしよう。いかにもせわしない現代人のための装置である。だが冷静に考えてみれば、来るものはいずれは来るし、焦ったところで来ないものは来ない。来るまで間があるなら本でも読んで待っていようと、いわば開き直って考えることもできる。いくらランプが点灯したからといって電車の到着が早まるわけではないが、たしかに、先の見通しが立てば辛いことにも耐えやすくなるという面があるのも事実であろう。

遊園地のジェットコースターや真夏のホラー映画のように、恐怖の体験が一種の娯楽に

（過剰）		（中庸）		（不足）	
臆病	←	勇敢	→	向こう見ず	（恐怖）
ふしだら	←	節制	→	野暮	（快楽）
悪徳		徳		悪徳	

なっている場合はどうだろうか。単純な恐怖ではなく人工的に作られた恐怖の場合、怖い出来事を体験するのは、奇妙な快楽でもある。だがそのようなスリルとサスペンスには、自分が絶対に安全な場所にいて安心できるからこそ、恐怖を味わい、楽しむことができるという屈折した構造がある。はしゃぎながら「ああ怖かった」とジェットコースターから降りてきた乗客が、その直後に同じ車輌が整備不良のために脱線転覆した事故を目にして「運がよかった、危なかったですね」と言われたときに、そこで覚える戦慄は、無邪気にジェットコースターに乗っているときの華やいだ怖さとは異質の感覚であろう。

アリストテレスの「中庸」説

ところで、勇気とは何かをめぐって、後にアリストテレスは少し違った角度から分析を加えて問題を整理している（『ニコマコス倫理学』第三巻第六章）。アリストテレスは、人間の徳目全体を、技術、知識、学問といった、全面的に知識が関わりを持っている徳と、人柄としての徳とに二分する。そして、勇気や節制など、人柄（エートス）の立派さ・善さを、恐怖や欲望といった情念に対する「中庸」と規定している。勇気とは、恐れるべきことと、恐れなくてもよいものとに関わる。それは、われわれが抱く恐怖という情念に関わる中間の状態であって、過剰と不足の両極端はそれぞれ「向こう見ず」と「臆病」という悪徳である。同様に、節度や節制といった徳目（ソープロシュネー）は、快楽や欲望などの情念に関わる中間的な状態であり、その極端は「ふしだら」と「野暮」となる。

恐怖に対して、過剰に反応して落ち着かなくなるのが臆病であり、反対に極度に鈍感なのが向こう見ずであることは言うまでもない。勇気が中間にあるとはいえ、両極端のちょうど真ん中ではなく、向こう見ずの側に少し近く、臆病とは距離がある。したがって勇気の反対は向こう見ずではなく、むしろ、臆病であると誰しも考えるのである。また恐れるべきことと恐ろしいこととは違う。勇気とは、必ずしも恐怖感を抱かせるあらゆる場合に関係しているわけではない。貧乏や病気といった、総じて自分の悪徳から生じたのでないものを恐れてはならない。

さらに誰かが「勇敢である」と言われる際に、その人が関わっているのは、あらゆる恐るべきことではなくて、突きつめれば「死」に集約される。死は最も恐ろしいものであり、死者にとっては善悪一切がない極限のようなものだからである。しかもその場合の死は、単に肉体が滅ぶ現象だけではなくて、美しい死、立派な死に方に関与している。戦争や海難事故などが、そうした格好の舞台を準備するのである。

つまりアリストテレスは、一律に「勇気」と言っても、あらゆる場合に等しく同じ定義が求められるべきではなく、最も典型的な場面と、そこから語が転用されて比喩的に語られる場面とを区別する。このように細心で周到な分析を加えることによって、アリストテレスは、われわれの経験により密着した地点で問題を整理し、勇気をめぐる諸問題に対して、一貫した見通しを与えているのである。

情念――自己ならざる自己

ところで、恐怖、悲しみ、怒りといった感情（パトス）は、ほかならぬ私自身がそのように感じるものでありながら、情念の発生や解消自体を自分で制御することはできない。その意味で情念は、自分の内に宿る何ものかでありながら、やはり自分の外からやってくると言わざるをえない面がある。われわれは、自分の意志や決断・努力によって、泣いたり笑ったりすることはできない。もっとも女優の中には、映画監督や演出家から「泣け」と指示されて、一分間ほど瞑目しているうちに自然に涙があふれてくる人もいるという。おそらくその場合、過去の悲しい経験を思い出し、想像の中に自分を置いてみることによって、悲しい自分と同化しうるのであろう。とはいえ、それは職業的俳優だからこそ可能となる迫真の演技であって、一般の人にはなかなか難しい。「怒れ」と命じられても、それだけですぐに怒ることはできない。自分の正当な権利が侵害されたり、あるいは社会的不正が発覚したり、総じて正義が蹂躙されたと感じるときに、義憤を覚え、怒りが生まれてくる。したがって、自分の権利が侵害されたと思って怒ったが、実はそれが誤解にすぎないとわかれば、ただちに怒りは鎮静に向かうのである。

習慣による性格の形成

われわれにできるのは、情念が自分の心に生まれてくるのを最初から遮断することではなくて、不意に襲ってくる恐怖や悲しみの情に対して、それを抑制したり耐えることだけである。アリストテレスによれば、勇気ある人格が形成されるには、単なる知識や理解の次元にとどまらず、勇気ある行為を何度も繰り返すしかない。恐怖に襲われれば誰しも足がすくんで、思わず逃げ出したくなる。だがなんらかの規範が強制力となって、あえてそこに踏みとどまって、辛いことに耐える。そうした振る舞いを反復するうちに、しだいに心の中に一種の習慣（エトス）が形成される。アリストテレスは、人柄（エートス）としての徳は情報や知識に還元されるのではなく、同種の行為が反復されて習慣となることによりはじめて身につくのであり、その意味で、時間をかけた修錬が必要であると考えている。自動車の運転、楽器の演奏、外国語の習得など、およそ何か技能を身につける際には反復練習が欠かせないのと事情は変わらない。

こうして勇気が心の中につくり上げられていくにしたがって、今度は一層容易に恐怖に耐えられるようにもなる。反対に、いつも臆病な振る舞いばかりを重ねていけば、しだいに臆病という持ち前が身につくことになる。いったん悪徳として固まってしまえば、自分がいかにそのつもりになっても、容易に人柄は変えられないのである。

このように、自分の中にありながら自分ではどうにもならない恐怖、悲しみ、欲望といった情念に対してどのように向き合うか、このいわば自己ならざる自己といかなる関係に立つかによって、しだいに人柄がつくり上げられていく。苦痛ではあるが、なんらかの目標を掲げ、努力して何かをやり遂げる。それが達成されれば大きな自信と満足につながる経験は、誰しも幾分かは覚えがあろう。この場合の自信とは、理性とか分別といった比較的自分自身に近い要素と、自分の中にあって自分ではいかんともしがたい情念とが、葛藤を経てしだいに統合され、安定した人格を形成する指標なのである。

現代文明と克己心

ところが、こうした克己節制とか忍耐による徳の形成といった人格形成の契機が、現代の文明の中でしだいに埋没し、見失われようとしている。あふれんばかりのモノがたちまちにして膨大なゴミと化す使い捨ての社会、メディアを通じた過剰な情報の洪水、技術開発による押しつけがましいほどの便利さ。こうした状況は、人間にとって我慢し忍耐せざるをえない制約を次々に解除していくのみならず、自分を抑制し我慢することの持っている価値や意味を軽視する方向に作用する。自動販売機とか携帯電話といった文明の利器は、いつ、どこでも、人間の欲求を充足させようとする。しかし技術革新の速度ほどモラルは急に成熟しない。「いつ、どこでも」という便利さが、今度は空間の公共性を解体していく。人前という言葉がもう数年たつと死語になると思われるくらい、学校の教室であろうと、電車の中であろうと、人々は自分の欲望に対してひたすら忠実に振る舞っている。歩きながら、また地べたに座り込んでモノを食い、ヘッドホンからシャカシャカと騒音をたれ流し、大声で電話をかけ、化粧に余念がない。かつて西欧の「罪の文化」に対する独自の「恥の文化」（ベネディクト『菊と刀』）を体現した日本人の末裔は、高度な技術と泡沫のごとき消費文化の中で、限りなく下品になりつつある。もっとも、日本に限らずこうした現代社会のあり方に対する危機意識を背景に、八〇年代以降、特に英米倫理学の思想圏で、徳を中心とする倫理学を復権させる動きが強まってきた。

徳と倫理

一般に「徳」と訳されるギリシア語「アレテー」は、広義には人間に限らず道具や家畜についても使われ、そのものの持っている「善さ」、優秀性・卓越性をあらわす（対語は「悪徳」）。抽象的な徳は、実際には複数の徳目に分化しているが、古典時代のギリシアで特に重視されたのは、『ラケス』で扱われている勇気のほかに、節制、正義、知恵の四つであった。これ以外にも、敬虔（『エウチュプロン』の主題）、物惜しみしない気前のよさ、温厚な態度といった徳目もあるが（『ニコマコス倫理学』第四巻）、勇気、節制、正義、知恵の四つは単に代表的な徳目というのみならず、プラトンによって相互に密接な関係をもったものとして一括して考察の対象になり（『国家』四二七E）、後にはアンブロシウス（三三九頃—三九七）によって枢要徳（cardinal virtues）と術語化された。

さらに西欧中世にあっては、キリスト教倫理の核心である（コリント前書第一三章一三節に基づく）信仰、希望、愛という三つの「対神徳」が合流し、合計七つの徳目として数えられる伝統が形成された（トマス・アクィナス『神学大全』第二—一部第六二問三項）。東洋では、『論語』の中に挙げられている仁・義・礼・知・信といった五つの徳目に、忠・孝・悌といった、相互に非対称な間柄での社会秩序をあらわす徳が加わり、日本人にも親しい儒教倫理の伝統がつくられてきた。

こうした徳は、正しい行為や勇敢な振る舞いといった一回限りの行為のもつ価値や倫理性とは区別され、決してそれらに還元されるものではない。人柄とは、後天的に形成され、環境や教育によっても左右されるが、ひとたび形成されれば容易には消滅することなく、人間を一定のあり方に刻みあげる、いわば存在論的な概念である。はたしてこうした徳は、誰か教師によって教授されうるのか、それとも訓練によって身につけるべきものなのか、あるいは、生まれつきや素質によって決まっているものなのか（『メノン』七〇A）。諸徳は互いにどういった関係になるのか（『プロタゴラス』三二九C）。徳を備えていることと、幸福な人生を送ることとの間にはいかなる関係があるのか。つまり有徳な人物は即幸福なのか、それとも、徳は人間の幸・不幸には関与しないのか（『ゴルギアス』四七〇E、『国家』第二巻三六四A）。徳をめぐるさまざまな問題が、前五世紀から四世紀にかけてのギリシアの倫理思想にとって大きな論題を形成していた。こうした状況にあってソフィストたちは、徳の教師を自認して栄達の道を約束し、そのゆえに高額の授業料を取って青年を教えていた。ソクラテスがさまざまな機会に彼らを相手に、いったい徳とは何であり、はたしてそれは実際に教授可能な知識なのかを繰り返し問うていった姿は、プラトンの初期対話篇のいたるところに見受けられる。

近代の倫理思想は、必ずしも徳の概念を中心におかない。個々の行為や（行為を導く）格率の持つ普遍妥当性が問題になり（カントの義務論）、あるいは、個々の行為や規則が結果する実質的効用の多寡と公平な分配との調整が重視される（「最大多数の最大幸福」を標語とするベンサムやミルの功利主義）。つまり近代の倫理学の課題は「どうあるべきか」よりも「何をなすべきか」という問いに集約されるのである。

徳倫理学と共同体主義

それに対して、八〇年代以降、米国社会の保守回帰の傾向とともに、徳を中心とする倫理学の再興を図る気運が高まってきた。徳倫理学の代表者マッキンタイア（一九二九―）は、古代中世の徳倫理学の伝統の復権を試みているが、その根底には、近代を主導してきた啓蒙的個人主義がすでに破産したという認識がある。人間がすべて理性的で独立した人格主体であるとする啓蒙主義の前提からは、元来各自が備えている（はずの）理由を十分にはたらかせる以上に、もはや理想的な、あるべき人間像を立てる余地はない。いかに愚かしく、本人に有害な行為であろうと、自分の意思と判断でことを行い、しかも他人に迷惑をかけない以上、何をしようが勝手ではないか。愚行権こそが、近代的な自由の最大公約数であり、「本人のため」を心配し配慮するのは、当人を一人前の「大人」と認めていない証拠である。国家や政府が親教師のごとく理想を押しつけるのは、家父長主義（パターナリズム）であり、危険な全体主義にほかならないことになる。

もっとも、いたるところにパターナリズムが蔓延している日本の社会は、こうした近代的な自由が浸透する以前の段階であり、戦後何よりも尊重された自由の理念が単なる恣意と履き違えられて、ひたすら甘えと無責任を生み出し、他人の迷惑や公共の規範に無頓着で自分勝手を押し通すわがままが、野放しにされている。他者への危害を加えない限り、という厳然たる前提条件のもとで、たとえ明らかに自分の損害になるとしても、自己決定の権利は侵害されるべきでない、というのが近代的な意味での自由の核心なのである。「あなたの健康のために吸い過ぎに注意しましょう」というタバコの注意書きは明らかに倒錯している。これこそまさに大きなお世話であり、煙害から擁護されるべきは、何よりも周囲の非喫煙者の健康と、公共の道路の美観のほうである。シートベルトの不着用よりは駐車違反こそ、厳重に取り締まるべき他人への迷惑であろう。

　したがって、こうした立場からすれば「魂をできるだけすぐれたものにせよ」などと言って市民たちにあれこれ説教して回るソクラテスこそ、独善で傲慢の極みであり、むしろ倫理の問題よりは宗教宣伝に近いとも見られよう。だが、そのように人間を理性的で独立不羈《ふき》の人格とみなす崇高な啓蒙主義の理念が、現実には未曾有の大衆社会の中に埋没し、家庭の崩壊や凶悪犯罪増加など、規範なき無秩序社会を生み出す元凶になったのではないか。徳倫理学の再評価とは、六〇—七〇年代の（米国）社会の危機意識を反映した保守主義の側からの道徳復興の気運としての一面をもっている。

　それでは、あるべき人間像という規範性はいったいどこから出てくるのか。マッキンタイアはここで、アリストテレスを中心とする古代ギリシアの倫理思想を回顧しつつ「共同体主義」を提起する（『美徳なき時代』）。「あなたはいったい何者か」と問われたら、読者はいかに答えるだろうか。家庭に帰れば二児の父親であり、会社ではある役職や肩書きをもって働いている、といったところが平均的な回答であろうか。つまり、自分が所属する社会共同体や血族関係の中で占める自分の位置の自覚が、自己認識の実質をなす。そこからそれぞれの立場に応じた義務と役割とがおのずから決まる。そして、自分がなすべき責任をわきまえたうえで、それを可能にするだけの自己の能力こそが、ホメロス以来の伝統的な徳の理解であった（A・アトキンス）。こうして、自己の認識、義務の観念によって測られる徳の自覚は、前八世紀以来ギリシアの都市国家（ポリス）のような、比較的小規模の社会共同体を背景に成立していたのである。

市民社会の行方

しかし今日では、大学生、公務員、政治家といった自己規定に伴うはずの規範の意識が、極端に希薄になっている。自己の資質を輝かすべき誇り高い仕事は、賃金労働へと変質し（ハンナ・アレント『人間の条件』）、高級官僚も大学教授も矜持を失って、保身に汲々とするサラリーマンにすぎないのである。

不況とはいえ、平和で物質的な繁栄を謳歌している現代日本の状況では、むしろ、他人と協調できる「やさしさ」「思いやり」「気配り」といった性格が不可欠の美徳であろう。他方で、こうした和を尊び異分子の反対を許さない全体主義的な「空気」こそが、陰湿な「いじめ」や機械音の氾濫といった、無意識な善意に支えられた独特の暴力を生むという批判もある（中島義道『うるさい日本の私』洋泉社）。ソクラテスが甦ったなら、ここで繰り広げられる対話の主題は「やさしさ」かもしれない。
　社会共同体を守るために、あえて自ら犠牲を払ってでも危険を冒すという発想は、保身第一の個人主義からは生まれようもない。だが、道徳の退廃を嘆く声は、また安易にナショナリズムへと傾斜する排外的思想の温床でもある。様々な水準での危機が日本社会に忍び寄ってくるとき、戦場での兵士の誉れとは違う、市民としての勇気といった新たな規範が問われてこよう。初期対話篇の「徳とは何か」という問いは、現代の諸問題を考える際にも意外な水脈となっているのである。

参考文献

●プラトン『第七書簡』長坂公一訳（『世界の名著7　プラトンII』中央公論社、一九六九年）、『プラトン書簡集』山本光雄訳（角川文庫、一九七〇年）
●斎藤忍随『プラトン』（講談社学術文庫、一九九七年）
●田中美知太郎『プラトン（一）』（岩波書店、一九七九年）
●バーネット『プラトン哲学』出隆、宮崎幸三訳（岩波文庫、一九五二年）
●ブラック『プラトン入門』内山勝利訳（岩波文庫、一九九二年）
●納富信留『プラトン』（NHK出版、二〇〇二年）
●スレザーク『プラトンを読むために』内山勝利、丸橋裕、角谷博訳（岩波書店、二〇〇二年）

●クレーマー『プラトンの形而上学』(上下)岩野秀明訳(世界書院、二〇〇一年)
●廣川洋一『プラトンの学園アカデメイア』(岩波書店、一九八〇年)
●プラトン『ラケス』生島幹三訳(世界古典文学全集14『プラトンI』筑摩書房、一九六四年、『プラトン全集7』岩波書店、一九七五年)、三嶋輝夫訳(講談社学術文庫、一九九七年)
●ウィトゲンシュタイン『青色本』大森荘蔵訳(『ウィトゲンシュタイン全集6』大修館書店、一九七五年)
●三嶋輝夫『市民のための倫理学』(杉山書店、一九九二年)
●マッキンタイア『美徳なき時代』篠崎榮訳(みすず書房、一九九三年)
●ボルノー『徳の現象学——徳の本質と変遷』森田孝訳(白水社、一九八三年)
●日本倫理学会論集29『徳倫理学の現代的意義』(慶應通信、一九九四年)
●コント=スポンヴィル『ささやかながら、徳について』中村昇、小須田健、C・カンタン訳(紀伊國屋書店、一九九九年)

第5章　正義と幸福〜権力の果ての生

ソクラテスの対話問答がいかなる性格を持っていたのかを考えるうえで、次に『ゴルギアス』を取り上げてみよう。これをプラトンの最初期の作品と考える学者（カーン）もいるが、初期の中でも比較的あとの時期に属すると解するのが通説である。前章で取り上げた『ラケス』を仮に最初期の作品とすると、『ゴルギアス』にはいくつか目立った変化があらわれてくる。第一に、分量が大幅に増える。『ラケス』に対して『ゴルギアス』は約三倍の長さを持った「長編」といってよい。第二に、ソクラテスはここで単に相手に対して問いを発するのみならず、積極的に自分の倫理的な確信を披瀝する。ソクラテスの発言は体系的な学説とまではいかなくとも、明確な主張を含んだものとなってくる。第三に、ここでの対話相手は、必ずしもソクラテスに好意を持っている人ではなく、むしろソクラテスとは相容れない、彼に反対する独自の思想を持った人物である。第四に、直接発言する人物以外に、対話の場に居合わせた無言の聴衆の存在が、発言者に意識され、対話の進行に重大な影響を与えている。第五に、ソクラテスの吟味が核心に迫るや、追い詰められた相手はしだいに論争意欲を喪失して対話が空転しはじめる。そして一問一答の論理的な対話が展開されるだけではなく、対話の末尾では、魂の本性と死後の裁きをめぐる一種の神話がソクラテスの口から語られる。こうした語り口は中期を代表する『パイドン』『国家』にも共通する要素であり、その意味で『ゴルギアス』は初期と中期にまたがる性格をもっているといえよう。

さて『ゴルギアス』の中には、ソクラテスの対話相手として三人の人物が登場する。はじめにソクラテスと問答を交わすのは、弁論術の大家ゴルギアス（前四八五頃―三七五頃）である。彼はシケリア島の東部レオンティノイの出身で、祖国の外交使節としてペロポンネソス戦争の最中（前四二七年）、同盟国アテナイを訪問し、議会での名演説によって喝采を博した。同じシケリア島シュラクサイのコラクス（前五世紀）に始まるとされる法廷弁論の技術書に改良を加えて、踏韻や対句などの表現技巧を凝らし、詩に匹敵する効果をあげる「ゴルギアス風」と呼ばれる独特な散文の文体を案出し、聴衆の感情を重視した水準の高い弁論術を開発したことで名高い。彼がもたらしたシケリア産の弁論術は、成熟した民主政治のもとで議会演説が発達したアテナイの知的風土に大きな影響を与えた。多くの追悼演説や常識の意表を突く『ヘレネ頌』『パラメデス弁明』などの著作によって、ソフィストの一人に数えられることもある。この対話篇では、堂々たる大家の風格を漂わせた、かなりの高齢に設定されている。

第二に、ゴルギアス門下の早熟な弟子で、弁論家としての野心を抱いたポロス（シケリア島アクラガス出身、生没年不明）。彼は前五世紀後半のアテナイにおける弁論術の隆盛を体現する存在でもある。最後に、「強者の道徳」を説いた先駆者としてニーチェにも影響を与えた、過激な新進政治家カリクレス（詳細不明、架空の人物ともいわれる）である。

三人の人物像と対話の深まり

この作品は、弁論家ゴルギアスが聴衆を前にして見事な名演説を披露してみせ、それが終わったばかりのところに、噂を聞いたソクラテスがカイレポンと一緒に駆けつける場面から始まる（四四七A）。弁論術は人々を魅惑する不思議な力を持っている。では、その弁論術とはいったい何なのか、弁論家ゴルギアスの正体は何か、それがソクラテスによって問われる。

弁論術は、法廷や議会において、演説を通じて、無知な大衆を、短時間に説得する能力であり（四五二E）、十分な知識を持っていなくても専門家に対抗できる、この上なく便利な手段である（四五九C）。それは自分の自由と他人の支配を可能にするが（四五二D）、あくまで知識として教授する意味での説得ではない（四五五A）。ところで弁論は何よりも正義や不正が問題になる（四五四B）にもかかわらず、その術を習得した者が不正に使用する可能性は排除できない（四五六D）。拳闘の選手が道場で師範から初めに教え込まれることは、決して喧嘩して相手を殴らないことであろう。だが技術者が当の技術の悪用に関して、その論理性を保証できないとすれば、教育者としての責任はどうなるのか（四六〇E)。それは本当に技術といえるのだろうか。弁論術の本質を吟味していく中で、いわば技術と倫理の関係をめぐって、ゴルギアスはついに返答に窮する(四六一B)。ソクラテスは年長の大家への慇懃な配慮と見せつつ、お客さん(聴衆)の前で醜態を演じるわけにはいかない立場のゴルギアスを決して土俵から降ろさずに、巧妙な議論で追い詰めていくのである(四五三B—C、四五四C、四五五C—D、四五七C—四五八B)。

そこで今度は、ソクラテスの議論に詭弁の匂いを嗅ぎつけたポロスが対話に割って入ることになる。ポロスは弁論術に大きな魅力を感じ、ゴルギアスに倣って自分でも使ってみたくて仕方ない。ところがソクラテスは、いきなりポロスに対して、弁論術は技術ではない、それは料理法や化粧法と同じく、何が最善であるかとは関係なく、見かけ倒しのごますりであり、大衆へ迎合するこつを心得た偽装技術にすぎない。したがって、弁論術とは、正当な知識に裏付けられた技術とは違う、単なる「熟練」にすぎず、実は無力なものだと決めつける(四六六B)。驚いたポロスは、弁論家は人々を説得することで、自分のしたいことを人々に実行させる、その意味で弁論家は強大な力を持っているではないか、と言う。ソクラテスはそれに対して、自分の好きなことと、ほんとうに自分が望んでいることは違う。単に自分がやりたいことを片端からやることとは、必ずしも自分の望んでいることをやることにはならない。不正なやり方で権力を手にし、やりたい放題やっている者は、決して幸福な人間ではない、と反撃する(四六八E)。このあたりから、行為の究極目的、権力の行使と正不正、そして正義と幸福との関係をめぐって、ポロスとソクラテスの主張が真正面からぶつかりあう。しかも、ソクラテスは、しだいに世間の常識とは相容れない独自の倫理的信念を語るようになる。

ところが、一見常識に反する途方もないソクラテスの主張を、ポロスは論駁することができない。反対に、誰が見ても常識だと思われるポロスの意見が、ソクラテスによって反駁されてしまう（四八一B）。不正を働くことは何よりも当人にとって有害になり、一刻も早く罰を受けることこそ有益なのだという奇妙な結論に、いやいやポロスが同意せざるをえなくなったところで（二八〇E）カリクレスが登場し、ゴルギアスやポロスは世間体を憚《はばか》ったためにソクラテスの巧妙な詐術に引っ掛かったのだと指摘する。彼らが前提にしている正義とは、実は法律習慣（ノモス）に基づく一種の社会契約の所産にすぎず、無能な弱者同士が相互の権益を守るための社会保障にすぎない。だが自然本来の意味（ピュシス）での正義とは、弱肉強食の動物世界に見られるように、強い者が弱い者を支配して、より多くを自分のものにすることである。自分の欲望を制限したりせずにどこまでも膨らませ、それを実現する「力」の行使こそがほんとうの意味で正しい立派な生き方であり、そこにこそ幸福な生があるのだ、という強烈な主張を展開する。そしてこの論争は、カリクレスのように世間を向こうに回して政治権力を志向する生き方と、ソクラテスのように社会の片隅で数人の若者を相手に対話を繰り広げる哲学のあり方、この二つの生き方の対比としても描かれる（四八五D）。

こうして問題は、権力と正義の関係から、行為の究極目的、欲望の充足と快楽、さらに人はいかに生きるべきか、そして最後に、死後の世において、人間の魂はいかなる仕方で裁かれるのか、といった論題へと進んでいく。このように対話の相手は、はじめは一見穏健な知識人の紳士から、しだいに本音を剝き出しにした過激な行動思想家へと交代し、それとともに議論がより深い次元へと下りていく求心的な構造になっている。最後には、時としてソクラテスの話が空転する状況さえ生じてくる。カリクレスは形勢不利とみるや、もはや沈黙を決め込んでソクラテスの問いに答えない（四九七B）。皮肉にも後見のゴルギアスが対話に引戻す役目を演じたりするが、ソクラテスは仕方なく、しばしば自分一人で話をつなげていかざるをえない状況に立ち至る（五〇六C―五〇九C）。

真理探究のための問答

この『ゴルギアス』という作品は、何よりも、ソクラテスの対話・問答の本質と限界とを、登場人物の巧みな設定と、同心円構造をもった対話の深化によって見事に描き切った力作である。ではソクラテスにとって、対話を交わすこととはいったい何だったのか。第一にそれは、単なるお喋りとか談論、あるいは雑誌の座談会ではない。たしかに、主婦の井戸端会議から学会の懇親会にいたるまで、他人との会話を通じて、新しい情報に接し見聞を広げる経験には事欠かない。だがそうしたお喋りは、われわれ各自の知識の基本枠や倫理的信念、思想信条の根本的な変更を迫るわけではない。だからこそまた、安んじて談論を楽しむことができるのである。第二に、ソクラテスの対話は「論争」とも異なる。選挙戦の最中に開かれる政党討論会のように、はじめから対立する主張を掲げ、論争に勝つことを目的として、相手をどれだけ言い負かせるか、また自分の優位をいかに聴衆に印象づけるかを競うディベートでもない。無論ソクラテスの巧妙な論理は、しばしば対話相手や聴衆から、論争のために手段を選ばぬ卑怯な詭弁を弄する策士、皆の面前で相手を言い負かして得意になろうとする油断のならない論敵に映る。だがソクラテス自身は繰り返し、相手を言い負かしたり恥をかかせたりすることが目的ではないと強調している（四五七E、五一五B）。

それは彼にとって、まさしく「探究」以外ではない。人はいかに生きるべきか、正義と幸福はどのような関係にあるのか、といった、ソクラテスが自分で抱いている倫理的な確信が、ほんとうに正しいかどうかを、知識を持ち、個人的に好意を寄せていると同時に、遠慮なしに何でも率直に語る相手を得ることによって、しかも彼らとの間で徹底して議論を突き詰めていく過程を通じて、いかに生きるべきかの主張の正当性を確認していく、そのための試金石なのである（四八七E）。

背理法の例：$\sqrt{2}$は無理数であることの証明

$\sqrt{2}=\frac{b}{a}$（aとbは互いに素の整数）有理数と仮定する

$2=\frac{b^2}{a^2}$、$2a^2=b^2$、bは偶数

$b=2c$、$2a^2=4c^2$　$a^2=2c^2$、aは偶数

ゆえに$\sqrt{2}$を有理数とした最初の仮定と矛盾する

ソクラテスの論駁法

『ゴルギアス』の登場人物は、ソクラテスの提案に機械的に同意するだけのお人好しではない。彼とはっきり対立する思想の持ち主として、互いに相手の主張を論駁しようとするのだが、ソクラテスの論駁のやり方には、ある奇妙な特質がある。それを第二部（ポロスとの対話）から検証しよう。

ソクラテスが専ら対話する人物であったという（クセノポンにも共通する）事実は、彼の哲学の方法が、体系的な思想の構築とは対極をなしていたことを意味する。ところで一般に論駁（エレンコス）とは、自説を積極的に論証することが難しい場合に有効な方法であろう。自説を一方的に開陳するのではなく、対立する陣営の意見から議論を出発させる。相手の主張をとりあえず真と仮定するのだから、相手の同意は容易である。次にその同意を前提として一問一答で分析、演繹を積み重ね、不合理な（相手が同意しえない）帰結が導かれることを示す。その結果、前提となっている相手の主張そのものを廃棄させ、それと対立する自説の正しさを間接的に論証する。こうした方法は、

数学では「背理法」とも呼ばれて、証明問題に応用されることが多い。

さてソクラテスの論駁法の特徴は、第一に、あくまでこれは価値や道徳、生き方に関する主張の吟味であって、決して数学の命題のように善悪無記な問題ではない。第二に、相手は非人称的な仮定ではなく、どこまでも自分の本音を語らなければならない（四九五A）。しかも漠然とした常識や世論を前提にするのではなく、現在進行中の対話の相手がその都度与える同意だけが問題にされるのである（四七四A）。そして第三に、推論の過程に不思議な特徴がある。それを少し詳しく検討しよう。

不正行為は損害になるか

ソクラテスとポロスは「不正を犯しながら、しかも幸福に暮らしている者がいるか」という点で互いに譲らない。歴代のペルシア大王やマケドニアの独裁僭主アルケラオスなどの存在がポロスの念頭にあるのだが、やがてこの議論は「不正を人に加えることと、人から不正をされることと、どちらが自分にとって害悪であるか」という問題へと進展する。ソクラテスは、どちらも望ましいことではない、自分は不正を人にすることも、されることも、決して望まないが、仮にどちらかを選ばねばならぬとすれば、自分は人に対して不正を働くほうではなくて不正を被るほうを選ぶ、と主張する（四六九C）。たしかにこれは、われわれの常識からみると奇異に映る。そこで当然ポロスも反対する。人から不正をされるほうが害になるのは、誰もが皆認めるはずの自明の真理であり、反駁の余地はないとポロスは堅く信じている（四七〇D、四七三E）。

　だがソクラテスは、真理は決して反駁されないと自信満々。人から不正をされるほうがまだましであって、人に不正を加えることは何よりも自分のためにはならないのだ、という一見非常識な自説を譲ろうとしない。さてここで、読者ご自身はどうお考えだろうか。他人のものを盗む行為と、盗難に遭う被害とは、いずれが損害になるだろうか。世間の常識は、どうやらポロスに与《くみ》するように思われる。つまり不正をされるほうが害になるという立場である。この命題をいまpとしよう。

　ソクラテスの論駁は、直接このpにふれるのではなく、それとは一見全く独立の、別の命題から出発する。つまり、他人に対して不正を働くのと、人から不正をされるのと、どちらが醜いことか、という問いを突きつけるのである。ポロスはただちに、人に不正を加えるほうが醜いことだ、と答える（四七四C）。これをqとしよう。さて改めて読者はどうお考えだろう。不用心で盗難に遭うのも賢明とは言えないが、積極的に悪事を働くことはそれにもまして醜悪な行為だと思うだろうか。そうだとすれば、（おそらく大多数の）読者の立場は、pとqとをともに承認するポロスと同じことになる。そしてその瞬間から、読者はタイムマシンのように時空を超えてプラトンのテクストの行間に吸い込まれ、ポロスに仮託したわれわれ自身が、いつしかソクラテスの吟味に曝されるのである。

さてソクラテスは、ポロスを相手に一つ一つ同意を取り付けながら、少しずつ話を進めていく。あるものが立派である、美しい（カロン）という場合、それは有用性か、快適であるかのいずれかであって、それ以外の観点はありえない。ならば反対に、醜い、みっともない（アイスクロン）ということも、苦痛と害悪のいずれかの観点によるしかなかろう。ところで、人に不正を働くことは、苦痛の点でまさっているとは言い難い。とすれば、害悪の点でまさる、という可能性しか残らない。こうして最初はソクラテスの質問に対して素直に同意を与えていたポロスも、しだいに自分の本音に反して同意させられている議論の進行にいらだってくる（四七五D）。

ポロスは真に論駁されたのか？

ソクラテスは、世間の人たちが一般にどう考えているか、世論調査などには全く関心がない。当の対話相手が一つ一つの質問に対して、その都度自分でよく考えたうえで同意を与えることだけが大事であるとして話を進めていく（四七二C、四七五E）。その結果、ポロスの最初の同意（人に不正を働くほうが醜いという命題q）から、ソクラテスの主張（人に不正を働くほうが有害であるという、ポロスが支持した命題pの反対）が帰結してしまう。ソクラテスはこうして「自説の真理が証明された」と勝利を宣言する（四七九E）のだが、冷静に考えてみれば、明らかにここには論理的な欠陥があることに気づく。ソクラテスの論駁は「人から不正を被るほうが害になる」という命題pを直接に否定したわけではない。「人に不正を働くほうが醜い」という命題qを前提すれば、そこから必然的にpの反対が帰結する。つまり、pとqとを同時に主張すれば、矛盾が生じるのであり、pとqとは両立しえないことを示したにすぎない。だからポロスは必ずしも全面的に論駁されたわけではない。ポロスがあくまで自説pを守ろうとするなら、それは簡単。二番目に同意したqを撤回してしまえばよい。当事者はえてして大局が見えなくなるものである。自分は策士ソクラテスの口車に乗せられて、うっかりqに同意してしまった。しかしあれは軽率な発言だったので取り消したいと言えば、最初の命題pは無傷ですむだろう。だからpとqとの両立を反駁しただけで立証成立と宣言するソクラテスの議論には、この点で大きな穴があいているように思える。

ところが実際には、この撤回はできない仕組みになっている。qとは、人に対して不正を加えることのほうが醜い、みっともない、という命題であった。ここには、単なる事実誤認ではなく、まさに美醜という価値語が入ってくる点に注意しよう。ある種の行為に対して、それはみっともないことだ、恥ずかしいことだといったん判断を下しておきながら、いくら論駁されたからといって、後から「あれは間違っていた」「軽率な断定だった」と撤回することがはたして可能だろうか。仮に撤回するとすれば、統一した人格としての自己をも否定する結果にならないだろうか。「この机はなかなかよさそうだ」「この薬はよく効きそうだ」というように、善悪や害益に関しては推測を語ることが意味をもつ。だが「この花はきれいそうだ」とか、「この風景は美しそうだ」とは言えまい。たしかに何を美しいと感じるかの判断は人さまざまであり、その限り「主観的」といってもよい。だが、いまこの場で、ある特定の行為を立派とみるか、あるいはその反対に醜いとみるか、美醜の判断は、まさにその人の価値観を限なく照らし出してくるのであり、そこには「誤認」の余地はない。もちろん同一人物であっても、趣味や嗜好が変化することはあるが、それはまさしく人格の成長を意味しているのであり、かなりの時間の経過を含意するだろう。だからこの命題qは、常識の立場を守る以上、ポロスにとってもはや撤回できない。ソクラテスの論理にはたしかに一見大きな穴があいているが、それにもかかわらずポロスがその網から抜け出すことができない巧妙な罠になっているのである。

対話相手の交代が意味するもの

この対話は、全編にわたって、ゴルギアスの演説を聞きにやってきた大勢の聴衆に囲まれて行われたという設定になっている（四五五C、四五七C）。演劇やプロスポーツが観衆なしには成立しないように、また各種のシンポジウムにおいてフロアの聴衆を意識しながらパネリスト同士が討論を進めていくように、対話者は聴衆の無言の圧力を背景にしている。しかもその圧力は当人の社会的地位や羞恥心の程度に比例する。ゴルギアスにとって、失言や醜態は名誉ばかりか収入減をも招くことになろう。ソクラテスはこうした対話の場を支配している空気を追い風にした戦略をとっているようにも見える。

さて、ポロスが論駁されたところで、第三の対話相手としてカリクレスが登場する。役者を交代させることの意味は、ポロスがなしえなかったqの撤回によって議論の帰結はどうなるか、その行方を見定める論理的可能性の追究でもある。これは実に見事な作劇上の技法であり、対話篇ならではの面白さであろう。カリクレスはポロスと反対に、人から不正を加えられるほうがみっともない（qの否定）という立場をとる。彼が臆面もなく主張する過激な思想の根底には、権力なくして正義はないとする、古くて新しい信念の土壌がある。彼の信奉する権力主義によれば、動物の世界を支配する弱肉強食の事実こそ自然本来の秩序であり、力こそが真の正義である（四八三C）。こうした世界では、力のない者は自然に淘汰される宿命にある。当人に力がないから侵略され強奪されるのであり、他人から不正を加えられるのは力がない証拠であり、何よりも不様《ぶざま》で男らしくない。世間の常識に寄りかかった命題qなど、弱者同士の安全保障にすぎない人為的な規約をもっともらしい規範に祭り上げた奴隷道徳であり、真の自由人にとっては制約の鎖でしかない。このように、習慣（ノモス）と自然（ピュシス）を対比させる論法は当時のソフィストの常套であり、カリクレスの思想は、相次ぐ内戦や紛争の経験から醸成されつつあった軍国主義政策と、それに対応した人生観を結晶化したものといえよう。それ以来今日に至るまで、こうした権力主義を奉じる個人・団体・国家はそれこそ枚挙に暇《いとま》がないだろう。

しかし、力こそ正義であるとする立場の「力」とは、結局何であり、何をする力なのか。カリクレスによれば、それはあくまで他人を支配する、つまり自分より弱い者を支配することによって、なるべく多くの利益を獲得しようとする力であって、自分自身（の欲望）を抑制し支配するための力ではない（四九一Ｄ）。自分のやりたいように振る舞い、決して欲望を制限したりせず、むしろ欲望をどこまでも膨らませ、その欲望を力によって充足させてやる。そこに快楽が生まれ、幸福な生を送ることができる。権力が目指すのはこのような無限の自由であり、そして自由が目指すのは結局、肥大した欲望を充足する快楽主義的な生き方にほかならない。

このように、ゴルギアス、ポロス、カリクレスの三人は、単に全く独立別個の登場人物としてソクラテスの前にあらわれるのではなくて、いわば同心円の関係にある。弁論術が力を持ち、有為の青年がそれに憧れるという、それ自体は別段どうということもないように見える感受性の底に、いかなる価値観、人生観が隠れているのか、その正体が、ソクラテスとぶつかることによってしだいに暴露されてくる過程なのである。長編『ゴルギアス』の魅力は、トリッキーな論理を操るソクラテス以上に、過激で鮮烈なカリクレスの性格と思想にあることは間違いない。彼がはたして実在した政治家であったのか、あるいはプラトンが創作した架空の人物であったのかについては、意見が分かれる。だがいずれにせよ、前五世紀末の戦争と革命の時代にあって、こうした思想を抱く青年がいても少しも不思議ではなかろう。アテナイの民主政治を土壌として生い育ち、やがて大衆に迎合しながら勢力を伸ばし、最後には民主政体そのものを転覆して独裁的権力を手にしようと目論む政治的人間こそ、彼らの秘かな憧れであった。しかもソクラテスやプラトンにとって、それは単なる思考実験ではなく、まさしく身近なところで幾つもの実例を目の当たりにしていたのである。

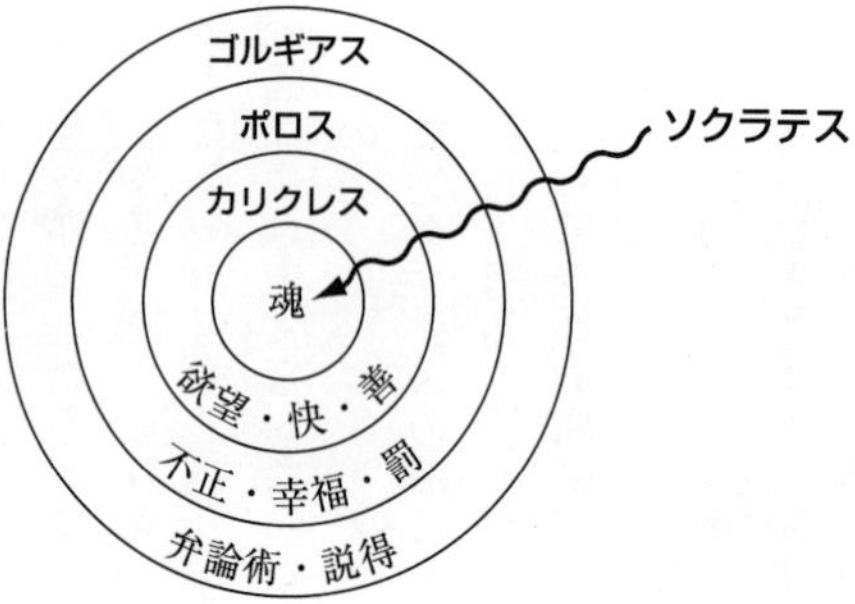

快楽主義の帰結

ゴルギアスが実在する大思想家であり、常識に則った俗人ポロスが、われわれの常識的な見解と近い、その意味では読者自身の等身大の鏡像だとすれば、架空とも目されるカリクレスとはいったい誰であろうか。それは、ポロスという常識人の仮面の下に隠された素顔であり、われわれ自身の心の奥底に潜んでいる存在かもしれない。こうしたカリクレスの快楽主義に対して、ソクラテスは、はたして快と善は同じなのか、という問いを突きつける。仮に欲望を充足する過程において、快楽をできるだけ多くわがものにしようとすれば、どうなるだろうか。

　飲食などの日常経験を振り返ればわかるように、人間の自然本性的状態が崩れると欠乏が生じる。そして欲求の原因であるその欠乏を充足し、自然本来の状態を回復する過程で快楽が生じる（空腹が最上の調味料）。このような欲望の充足過程において快感を得るためには、当然のことながら、快楽に先立って、それ自身は苦痛である欠乏状態が先行しなければならない。快と苦は一見相反するものでありながら、実は一枚の紙の裏表のように、一つに織り合わされている（『パイドン』六〇B）。

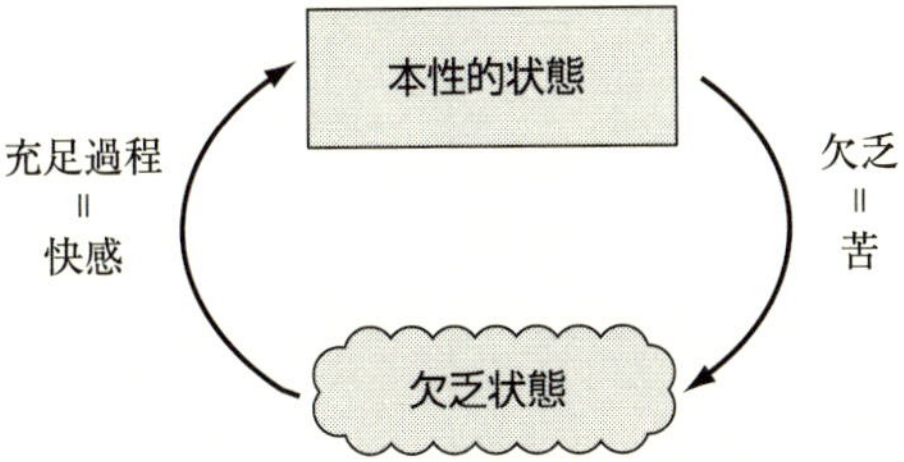

　第二に、こうした欠乏が充足された途端に快楽自身もやんでしまうから、快楽を味わうには、たえず人工的に欠乏状態をつくり出さなければならない。帝政ローマの貴族の宴席には山盛りの料理皿の傍らに鵞鳥の羽根が置かれており、満腹すれば嘔吐して、再び山海の珍味に挑んだという（ペトロニウス『トリマルキオンの食卓』六六）。

　快楽と幸福の関係には微妙なものがある。たしかに、一切の楽しみ、喜びから遮断された幸福な生を想定することはできない（『ピレボス』二一二A）。しかし、快が即善であると考えれば、各自がそれぞれ何に対して楽しみや喜びを感じるのかという、趣味の善し悪しが全く捨象され、ただ単純な量の大小だけで測られるような、一元的な快苦の尺度の中に幸福は埋没してしまうだろう。「人が疥癬《かいせん》にかかって痒くてたまらない。だが心ゆくまで掻くことができれば、掻き続けて一生を過ごすとしたら、これこそ幸福な生き方になるではないか」（四九四C）。ソクラテスの持ち出す例はカリクレスにとってさえ、到底承諾しかねる突拍子のないものであった。

ソクラテスが示した快楽主義の帰結は、あまりにもグロテスクに映るが、翻って考えてみれば、われわれの生活も多分にまたこうした図式の中で動いていることは否めない。風俗産業やポルノはもとより、グルメ、ファッション、電化製品、海外旅行など、大衆消費社会は、宣伝広告を工夫して、たえず大衆の潜在的な欲望を開発しようとする。それを充足させてくれるモノや情報こそが素敵な商品として売り出される。宇宙飛行や臓器移植、体外受精、遺伝子治療にいたるまで、科学技術は空想や夢を現実に変えてきた。それはたしかに便利で豊かな生活を実現したが、他方、人間の欲求もそれに応じてどこまでも膨らんでとどまるところを知らない。独裁僭主を夢見たカリクレスが政治権力に頼ったものを、いまや現代人は庶民にいたるまで技術の力によって獲得しつつある。規範が揺らぎ、価値観が多様化しているのが現代社会の特徴であるといわれることが多いが、そうした多様化は単に表面だけの現象にすぎず、その底には驚くほど一元的な快楽主義が蔓延している。「快楽」だと語感に品がないとすれば、「快適」と言い換えたらどうだろう。現代の日本人のうち（自分だけの）「快適な暮らし」以外の価値や理想をもって（しかも本音で）生きている者がどれほどいるだろうか。

人はなぜ不正を働くのか？

ここで少し前に戻ろう。ポロスは不正を働きながら幸福な人間はいくらでもいると考えていたが、ソクラテスは断固として認めない（四七〇E）。だがそもそも、人はなぜ不正を働くのだろうか。たとえ殺人や傷害など刑法上の重大犯罪でなくても、われわれの日常生活は、小さな不正行為に満ちている。駅前の放置自転車、議員官僚の贈収賄、脱税、研究費の流用、いずれも「些細なことだから」、あるいは「誰もがやっていることだから」、「まず発覚しないから、発覚しても軽微な懲罰ですむから」と、心の中で誰ともなしに小声で言い訳をしながら、まあいいやこのくらい、と思ってわれわれはやっている。

もっとも、自分の中で言い訳しきれないほどに膨らんでいくとき、良心の呵責とか罪の意識となって淀んでいくのだが、不正を一掃することは必ずしも容易ではない。いかに高潔な生き方を貫いたとしても、むしろ完全主義で道徳的な意識の高い者ほど、逆に自己を反省しては小さな不正に敏感になり、罪の意識が影のように纏わりついてくる。

ここで「まあいいや」というところに「よい」という言葉が出てくることに注意しよう。単なる習慣や無意識の行動でない限り、何をするにしても、最終的にはどこかで「よい」という判断を下しているからこそ、ある行為がなされる。つまり、不正をしたほうが儲かる、不正のほうが正義に則ってやるよりも自分の利益になると見なしているからこそ、われわれは不正を働くのである。その意味で何をなすにせよ、善や利益に関するなんらかの先行的な了解を抱え込んでいるのが、人間の生活なのである。

究極の利益とは何か?

それに対して、ソクラテスが何よりも恐れたことは、殺されたり盗まれたり、人から不正をされることではなく、逆に不正を働くことのほうだった(『弁明』三七B)。この点が、われわれの常識と決定的に相容れない点であろう。しかしそれは、ユダヤ教の律法のような、権威に支持された規律への形式的な遵守であったことを必ずしも意味しない。ソクラテスの生き方の根底には、不正を働くことが決して自分の利益にならないという信念がある。つまり理想主義とも非常識とも映るソクラテスの高邁な倫理性は、「利益」に関して常識とは異なる理解にもとづいていたのである。利益というとすぐお金のことを考えがちだが、金銭は単なる交換価値しかないから、なんらかの使用価値に転換されなければ意味がない。ではさまざまな使用価値が何を目指してなされるか、究極目的を詮索すれば、最終的には、ほかより上位の目的をもたない、自己目的的な快楽の感覚といった経験が浮かび上がってくる。金銭にせよ権力にせよ、究極は快楽を目指す手段にすぎないのだろうか。

　これに対して、真に「利益」が意味をもつ場面、それが「魂」（プシューケー）という言葉でソクラテスが呼んでいたものであった。それは「これこそほんとうの自分自身」としか呼べない何ものかをさしている。正しさによって養われ、不正によって滅ぼしてしまうような、そういう自分自身といった何かがたしかに存在する、そしてそれが善くなり、益されることが大事なのだ、とソクラテスは語る（『クリトン』四七Ｄ）。この魂とは、心、生命、自己、あるいは自我や人格といった概念と重なる面をもっているが、このように言い換えたからといって、それはただちに十全に実感されるものではない。不正を働くたびに、自分の内にある何ものかが壊れていく。そのことが自分自身にとっての究極的な損害なのだといわれても、われわれはそのことをなんらかの事実として実感するわけにはいかないのである。他方、不正を通じ、金銭や権力を媒介に享受される快楽には、まぎれもない確かな実感が伴っている。

自由と隷属

　だが仮に巨万の富、無限の自由、絶対の権力を手にしたとしても、自分の中に欲望が生じてくること自体は決して自由にはならない。その意味で欲望は、怒りや悲しみと同様、ほかならぬ自分のものでありながら、決して自分の自由にならない、「私ならざる私」という屈折した性格をもっている。それゆえ、おのれの欲望のままに振る舞う快適で自由な暮らしとは、真の意味で私とはいえない、その都度私にあらわれてくる、私ならざる私としての欲望に支配されていることを意味する。何でもやりたいことが好きにできるとは、実は排泄などの生理的行動と大差なく、動物や幼児の生と変わるところがない。もはやそれはまっとうな人間の生とは言い難い代物に変質している。誰しもが憧れる無制限の自由は、一切の規範を欠いた魂が裸でさらされている危険きわまりない状態であり、一転して最大の隷属を生み出す源泉であるとプラトンは考えていた。

だが、魂が存在するということはいったい何を意味しているのだろうか。プラトンの中期対話篇は、ソクラテスの特異な言動に触発されて、必然的にこの魂の問題を正面に据えていくことになる。

参考文献

●プラトン『クリトン』田中美知太郎訳（『世界の名著6　プラトンI』中央公論社、一九六六年）、田中享英訳（講談社学術文庫、一九九八年）
●プラトン『ゴルギアス』藤沢令夫訳（『世界の名著6　プラトンI』中央公論社、一九六六年）、加来彰俊訳（岩波文庫、一九六七年）

●ヴラストス「ソクラテスの論駁法」田中享英訳（井上忠、山本巍編訳『ギリシア哲学の最前線（I）』東京大学出版会、一九八六年）
●哲学会編『正義と幸福』（「哲学雑誌」第一〇九巻七八一号、有斐閣、一九九四年）
●岡部勉『行為と価値の哲学』（九州大学出版会、一九九五年）
●上田徹『プラトン――初期対話篇研究』（東海大学出版会、二〇〇一年）
●荻野弘之「欲望至上主義と禁欲の倫理」関根清三編『講座現代キリスト教倫理2・性と結婚』（日本基督教団出版局、一九九九年）
●伊東斌『プラトン快楽論の研究――善の研究序説』（九州大学出版会、一九九五年）
●篠崎榮『ことばの中での探求――プラトンを読む』（勁草書房、一九八五年）
●内山勝利『哲学の初源へ――ギリシア思想論集』（世界思想社、二〇〇二年）

第6章　魂のありか〜想起説とイデア

『ソクラテスの弁明』『クリトン』『ラケス』『ゴルギアス』などのプラトンの著作を通じて見てきたように、ソクラテスの発言と行動、そしてその死は、彼の周囲にいた人々に鮮烈な印象を残した。彼はたしかに崇高な道徳的理想主義と合理主義の化身のようにも見えるが、われわれの（当時の人々にとっても）常識とは相容れない、逆説そのものであった。ソクラテスの姿は、視点の取り方しだいで聖人君子にもなるし、逆に滑稽な奇人変人にも映る。真昼の暗黒のような、妖しい魅力に満ちた謎の人物であった。

魂の立場

こうしたソクラテスの生き方全体を支え導いている原理はいったい何だったのか。それは、生と死についてのある一貫した見方であり、これを仮に「魂の立場」とでも名づけておこう。この魂の立場は、金銭、名誉、快楽、（あるいは生命）といったように、誰しもが通常これこそ善いものだと思って追求している行為の目標とは全く違った次元で「自分自身」であるとしか言いようのない何ものか（それが実際に何であるかはともかく）の存在を認める。そしてそれが善くなることによってだけ、真の意味で「幸福」や「利益」「生き甲斐」が語られうる。その魂は、正義をはじめとする徳によって養われ、反対に悪徳はそれを滅ぼし、傷つけてしまうと考える（『クリトン』四七D）。また、ソクラテスとの徹底した問答による吟味に曝されることで、自らの倒錯した生き方の誤りが暴《あば》かれ、面子に拘泥せずに無知を自覚することによってはじめて、自己欺瞞を脱却して内発的な向上の可能性が開かれる。しかもそうした魂は、死を超えて来世にまで貫かれて、神々とも親しく交わることが可能になると考えるのである。

しかし、そうした魂あるいは心があるといっても、それは、たとえば目の前に机やコップがあるといった、モノとしてのあり方とは全く異なる。他方また、誰しもやがて死を迎え、いわば無の中に呑《の》み込まれていく以上、人間の心や魂の存在とは、わずか一瞬の出来事にすぎないのではないか。そもそも魂、あるいは心があるというのはいかなる事態を意味しているのだろうか。

初期から中期へ

ソクラテスの刑死後、まだ若い三〇代のプラトンが短編の対話作品を書きながら、ソクラテスのやっていた対話問答を改めて再構成し、その姿を確認しようとする営みの中でしだいに浮かんできたのは、こうしたソクラテスの生き方を支えていた魂の立場をめぐる、より原理的な考察ではなかったかと思われる。プラトンが一回目のシケリア旅行から帰国し、アテナイの北西郊外にアカデメイアという学園を創立し、そこを拠点に門弟たちを交えた研究・教育活動を進めていった四〇代から五〇代にかけて、いわゆる中期と呼ばれる時期には、魂の問題を正面に据えた新たな思索が展開することになる。『饗宴』(宴席での会話に擬した西洋古代の文学形式のひとつで、クセノポンの同名著作やプルタルコス『食卓歓談集』、アテナイオス『食卓の賢人たち』にも継承される)『パイドン』『国家』『パイドロス』といった中期の代表作は、いずれも文学的な技巧を凝らした華麗な作品で、狭義の哲学者のみならず、古来数多くの文学者をも魅了してきた。この中に登場する主役のソクラテスは、積極的に自説を披瀝し、また単に一問一答による短い問答の積み重ねだけではなく、巧妙な比喩や譬《たと》え話、印象深い創作神話などを随所に織り込んで、読者を飽きさせない。

そして何よりも、魂の存在(そしてその不滅性と死後の運命)の問題と切り離せないのが、一般に「イデア論」と呼ばれる教説である。アリストテレスの証言(『形而上学』第一巻第六章、第一三巻第四章)以来、イデア論の成立をもってプラトン独自の哲学が開花したとされることが多い。それはやがて後に見るように、感覚と思考、知識と信念、原型と模像、個別と普遍、一と多、といったさまざまな概念群の交錯する地点で生まれた不滅の教説であり、単なる論理パズルではなく、しだいにわれわれの現実感覚を裏返してこの世界を超越し、全く新たな相貌のもとに現実を眺める特異な視点を与えてくれる。しかもその語り口は、精密無比な論理の展開とともに、華麗な神話や卓抜な比喩の数々を織り合わせた、いわば言語と思考の限界を示唆する究極の逆説でもある。他方「現代思想」の文脈では、しばしば「プラトン以来の」という枕詞を冠して、西洋哲学史を支配してきた倒錯した形而上学の頭目と見なされることもある。一知半解のニーチェ、ハイデガー、デリダの中途半端な引用が、こうした評価を自明視する一因にもなっている。だが重要なことは、イデア論とはこういう思想である、と図式的に要約してわかったつもりになることではなく、議論が登場する文脈を精読し、そこで問われていた問題がそもそも何であったのか、問題の発生してくる現場を正確に押さえ、問いの根っこを見失わないようにすることであろう。

ソクラテス最期の一日

本章では、イデア論が本格的に登場する中期の代表作『パイドン』を中心に検討を加えよう。『パイドン』には、古来から「魂について」という副題が添えられている。裁判から約一か月後、ソクラテスが生涯最期の一日に、親しい人々とどんな対話を交わし、どのように毒杯を仰いで最期を遂げたのか。牢獄を舞台にしたその出来事と発言の一部始終を、ソクラテスの死後しばらく経ってから、その場に居合わせていた弟子の一人パイドン（前四一七頃―？　エリスの出身）が、当時の様子を回想しつつ、ペロポンネソス半島の小村プレイウスで、ピタゴラス派のエケクラテスを相手に物語る、という設定である。

『パイドン』はソクラテスの人物像を考えるうえで重要なエピソードに富み、その死生観と最期の様子は劇的な感動に満ちている。だがこの作品に盛られている対話が、忠実な歴史的記録であるとみなす研究者（バーネットが代表）は必ずしも多くない。肝心の作者プラトン自身は、病気のためにソクラテスの臨終に立ち会わなかったとパイドンに語らせ（五九Ｂ）、全体があくまで伝聞に基づく話として構成されているのである。それはさておき、この作品は、まさに死にゆくソクラテスを中心に、彼の世話を焼く親友クリトンを傍役とし、魂の輪廻転生を信ずるピタゴラス派の巨匠ピロラオス門下のシミアスとケベスという二人の若者（いずれもテバイの出身、生没年不詳）をソクラテスの主な対話相手として設定する。「魂」の不滅と死後の運命を主題に、徹底した問答がなされるためには、これ以上ふさわしい場面はありそうもない、絶妙な舞台設定であろう。

面会者たちの前で縛《いまし》めを解かれ、泣き叫ぶ妻子を家に帰らせて、最期の一日をいつもと変わらぬ悠然とした様子で友人たちと親しげに対話して過ごすソクラテスの顔は、死刑囚とは思えぬほどに晴ればれとして、いかにも幸福そうである。居合わせた者たちは皆、不思議な感情にとらわれた。それは、親しい友がやがて死んでいく別離の悲しみと、それにもかかわらず当人が気分爽快、自分の死や魂についての問答を楽しみ、一同もまた彼の徹底した議論に時を忘れて没入する喜び。この喜びと悲しみが入りまじった不思議な気持ちが、この作品に独自な対話の雰囲気を醸し出している。そこで話題が、ソクラテスが直面している死をめぐって展開されることになるのも当然であった（五八E―五九A）。

『パイドン』の構成

自分の死を前にして少しも動ずることなく平然と、いやむしろ喜びにすら満ちているソクラテスの姿は、学派を問わず、古代の思想家が目指した生き方（死に方）の理想像であった。ストア派のセネカ（前四―後六五）は自分の教え子ネロ帝から自害を命じられたが、その壮絶な最期は明らかにソクラテスを意識した演出が施されている（タキトゥス『年代記』第一五巻六四）。真に知を愛し求める者は、生きることよりも、むしろ死ぬことを目指している。なぜなら死とは肉体からの魂の離脱であり、魂が真理にふれ、真の知を獲得するためには、肉体を伴う感覚は妨げになる。錯覚の事例からわかるように、感覚による判断は、それだけでは現象の真実性を保証しない。だから、生涯知を愛し求めてきた者が、感覚から浄化され、肉体の縛めから解放されて、純粋の自分自身になって生きるよう秩序づけられた以上、死後は最大の幸福にあずかるのも当然だ。ソクラテスはほぼこのように確信を語っている（六四A）。

ところが、こうしたソクラテスの確信に対して、ケベスは率直に疑問を差し挟む。死んで魂が肉体から抜け出した途端、それはただちに息か煙のように雲散霧消してしまわないか。ソクラテスの希望が空しいものではないとすれば、魂が死後も消滅せずにそれ自身だ

錯覚の例

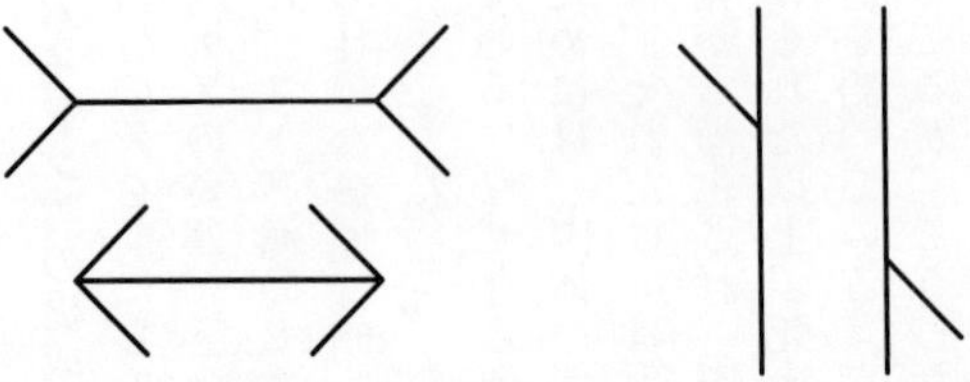

同じ長さの棒が
ちがう長さに見える

途中が斜めに遮断されて
直線に見えない

けで存在することの証明が必要なのではないか。こうした問題提起から、話はやがて魂の不滅の論証という問題に収斂する（七〇A）。

シミアスとケベスの二人は交替でソクラテスの相手をつとめ、三種類の「証明」を経て、魂の純化解放こそが哲学の仕事だという結論を得てソクラテスが話し終えると、そこに暫《しば》しの静寂が訪れる（八四C）。そこまでの証明の議論は、たしかにある種の説得力を備えているように見えた（以上が前半部分）。

ところが二人は、まだその論証に納得しない。そこで二人がそれぞれ根本的な疑問を提起し、それらに対して再びソクラテスが、イデアを前提として立てることによって、生成消滅の全般にわたる事象の説明を可能にする壮大な議論を展開し、それに基づいて、死が接近する際、魂はそこで滅ぶのではなく、静かにその場を立ち去っていくという旨の「最終証明」を行う（一〇七B）。ソクラテスは証明がすんだ後に、今度は、死後に魂がどこに棲むのか、現世

A1　牢獄（縛を解かれたソクラテス）
59E－63E

B1　死について（哲学者の生）
64A－69E

C1　魂不滅の論証（Ⅰ）
70A－84B

C2　問題の再吟味、論証（Ⅱ）
84C－107B

B2　死後の世界（魂の棲家）
107C－115A

A2　刑死（現世の縛めを解かれるソクラテス）
115B－118A

を超えた彼岸の世界の地理を説き明かす（一〇七C―一一五A）。その長い物語を語り終えたところで、いよいよ死刑執行の時刻を迎えた。友人たちに見守られ、毒杯を仰いで亡くなる様子は、読者に深い感銘を与えてやまない。新古典派の巨匠ダヴィッドは、フランス革命前夜の騒然たる状況を背景に、この歴史的瞬間を、静謐にして劇的な画面のうちに鮮やかにすくい取っている（『ソクラテスの死』一七八七年、メトロポリタン美術館蔵、二七九頁参照）。

　このように『パイドン』は、牢獄の場面（A1）から始まり、死に臨んだ哲学者の死生観（B1）を問題にすることから、やがて魂の不滅の論証（C1）が展開し、幕間を挟んで後半、問題が再度吟味されて、イデア論とそれに基づく論証が試みられ（C2）、さらに死後の世界の物語（B2）が続き、最後に再び、牢獄におけるソクラテスの刑死の場面（A2）に戻ってくる。すなわち、事実の世界（A）から、思想の次元（B）へ、そしてそれを支える論理の地平（C）へと深化し回帰するという、見事な往還構造をもった作品に仕上がっているのである。

魂不滅の論証

古今東西、魂の不死と輪廻転生を語る伝承や神話は少なくない。生者が決して知ることのできない、しかも誰しもにやがて訪れるであろう世界はどうなっているのか。宇宙の起源と並んで、死後の世界は、いかなる民族の神話にも共通に見られる主題であると考える宗教学者もいる。もっとも、啓蒙的理性の洗礼を受けた現代人にとっては、もはやこうした死後の世界の表象を素朴に信ずることは難しい。では、死の先は一切の思考が及ばない完全な無なのだろうか。一方、これに対して最近では、オカルト的な色彩の強い「臨死体験」を科学的な調査の対象として研究し、「霊界」など現代人の形而上学的な関心や欲求に応えようとする動きも目立っている（立花隆『臨死体験』）。

しかし、プラトンが凡百の輪廻説の教祖たちと異なるのは、魂の不滅や死後の世界の実在を独断的に主張するのではなく、それを支える独特な論証の仕方と、その説得力や真理条件への透徹した反省にある。論証は極めて複雑な構成をもっており、個々の論証を単独に取り上げてみると、奇妙な論点先取や荒唐無稽な前提など、あちこちに欠陥が目につく。だが作品全体を俯瞰したときに、これら複数の論証は相互にいかなる配置にあり、いかなる機能を果たしているのだろうか。これは解釈上の大きな問題であるが、いずれにせよ、イデア論がこの魂不滅の論証と密接に結びついていることは疑いない。

イデアの特徴

イデアとは動詞「見る」（イデイン）に由来する語で、エイドスとも言われ（一〇二B）、目で見られる「形」や「姿」を原義とする。そこで（英語ではThe theory of Form）、伝統的には「形相《けいそう》」とも邦訳されてきたが、プラトンの中では必ずしも固定した術語ではなく、「真実在」（ウーシア　六五D）、「そのもの」（アウト・カタ・ハウト　一〇〇B）などとも呼ばれる。たとえば、正しさそのもの、善そのもの、美そのもの、といったように、一般にある名辞が使用される際「その名前で呼ばれている当のそのもの」をさす。そのためにイデアを、普遍、本質、あるいは語の意味として理解しようとする余地が生じてくるのだが、その当否はともかく、個々の美しいもの（歌手の美しい声、窓の外の美しい景色、庭に咲いている美しい花）とは厳密に区別される。

イデアにはいくつかの特徴がある。まず第一に、美しいものは多数あるが、美しさそのもの（美のイデア）は一つしか存在しない。同じ名称で呼ばれる複数の事物に対して、それらに共通の性質を備えた単一のイデアが想定される。第二に、個々の美しいもの（例えば、卓上の花瓶に活けてある一輪の薔薇の花）は、時間の経過とともに変化し枯れて、美しくなくなる。また、すぐ隣にもっと美しく豪勢な花束が置かれれば、たちまちその輝きを失い、誰も見向きもしなくなる。あるいは、粗野な無骨者にはそもそも美しいとは感じられず、関心もひかない。これに対して、美のイデアは、時間の推移、観点の取り方、見る人の主観や趣味、他の美しい事物との比較などによって、美しくあったり、なかったりすることはない。誰が、どこから、何と較べてみても、常に「美しい」といえるものである。第三に、個々の美しいものは、見たり聞いたり、感覚によってその美しさを味わいうるが、美そのものを直《じか》に見ることはできない。それは、感覚とは独立の「思考」の働きによってだけ把握される対象なのである。個々の美しいものと、一なる美のイデアの間には、こうした相違がある。さらに重要なことは、個々の美しいものが「美しい」と呼ばれるのは、美のイデアを根拠・原因としている。薔薇の花の美しさは、色合いや素材など、花がもっている諸性質によるのではなく、美のイデアとなんらかの関係（分有、臨在、共有などと呼ばれる）に立つことによって保証されるのであり、それ以外には一切の根拠をもたない。以上がイデア論と呼ばれる議論の概略である。

こうしたイデアの存在と、不滅の魂がそれ自身として存在することとの間には、何か論理的・必然的な関係があるという（七六E、一〇〇B）。だがこれは何を意味するのだろうか。ソクラテスは、シミアスとケベスに促されて、学習とは全く新規の知識の獲得ではなく、魂が生前すでに獲得していた知識を、改めてその場で問答を通じて思い出すことだとする、いわゆる「想起説」によって、この事情を説き明かそうとする。想起説とは、『パイドン』に先行し初期の掉尾を飾る『メノン』（八一C）で、「徳とは何か」知らないものをいかにして探究しうるのか、という探究の袋小路（アポリア）を突破するための戦略として、初めて提起されたが、『パイドン』の中では想起説がイデア論と結びついて展開する点が重要である。

知覚から想起へ

さて、何かを思い出す、想起する、という日常の体験は、そもそもいかなる事態なのだろうか。一般に人が何かあるもの（A）を見たり聞いたり、感覚を介して摑まえるとき、当の知覚対象（A）を知るのみならず、それとは別のもの（B）を同時に思い浮かべることがある。これが思い起こす、思い出すという経験にほかならない。あることを思い出す場合、想起の対象が突如として単独に脳裏に思い浮かぶことは稀であろう。むしろそれとなんらかの関連をもった別のものの知覚印象や観念が媒介となって、思い出す場合のほうが自然である（連想、観念連合）。いま私がシミアスに会う。すると同時にケベスのことも思い出すという場合、目の前にいるシミアス（A）と、想起されたケベス（B）との間には、なんらかの（いつも一緒にいる親友同士といった）つながりがあるに違いない。両者の間にある関係こそ、想起を可能にする原因なのである。

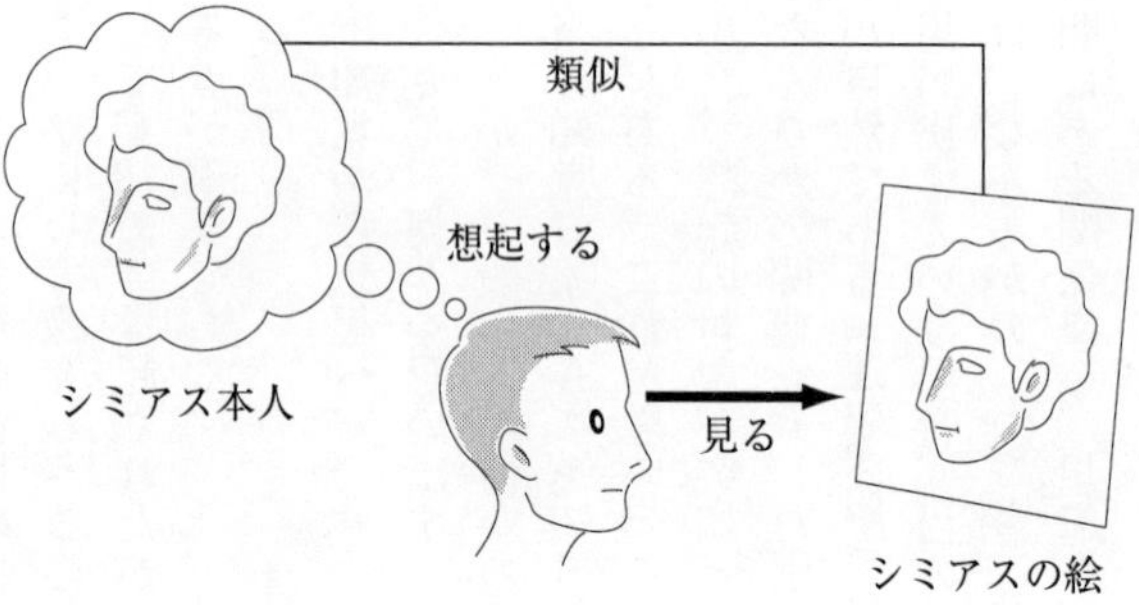

像を見る経験

では次に、シミアスとケベスといった実物同士の関係ではなく、シミアスの絵や写真といった「模像」を媒介にする場合を考えてみよう。家族旅行の記念写真を眺めている場合、視覚の直接対象は、手元にある一枚の写真に写っているシミアスの顔である。だが写真を見ることで、同時に被写体であるシミアス当人のことを思い浮かべながら、旅行の思い出を反芻しているのが真相ではないだろうか。写真や絵など、一般に「像」を見る知覚経験とは、直接の知覚対象と、それを媒介に惹起された想起対象という、二重の構造をもっている。しかもその場合、知覚像と想起対象の間には、類似性の関係がなくてはならない。シミアスの写真は、いうまでもなく、シミアス本人と似ているはずであろう。ピンボケで誰が写っているのか定かでなければ、決して被写体の人物を思い出すことはできない。逆に本物と寸分違わない知覚像が出現したら、もはや像ではなく、本人だと思って話しかけたりすることになろう（バーチャル・リアリティー)。つまり、類似性とは、単に似ているばかりでなく、逆に実物に対する欠如と距離をも同時に含んでおり、いわば同一性と差異性とが共存する関係なのである。さらに、シミアスの写真はたしかにシミアスに似ているが、シミアスがシミアスの写真に似ているというのは奇妙であろう。像はあくまで実物と寸分違わず同じではなく、そこには単なる差異とは異なる「欠如」を宿している。だから像を通じて実物を思い出す場合、想起の対象(シミアス本人)は、当然のことながら、その写真を見る前にすでに知られていなければなるまい。

「等しさそのもの」

では、何かが「等しい」という場合はどうだろうか(七四A)。「等しい」という言葉は、日常的な数量の測定から数学における抽象的な用例まで、さまざまな場面で用いられるが、それが何を意味するかを誰しも十分理解している(と思っている)。だが、等しさが何かという理解はどこから得られたのだろうか。おそらくそれは、材木や石など個々のものが互いに等しいのを見て、個々の等しい事例の知覚から「等しさそのもの」を普遍的な性質として思い浮かべたのではないか。個別の等しい事例の場合には、実際には等しいはずのものが、見る角度によっては誤って等しく見えない事態も起こりうる。しかし「等しさそのもの」が等しくなくあらわれることは決してあるまい。「等しさそのもの」と「個々の等しい事例」との間には、いま写真の例で説明したような、完全と不完全、あるいは、オリジナルとコピーといった原型と似像の関係がある。

さてこの不完全な個々の等しい事例を見て、完全な等しさが想起されると考える以上、その等しさそのものは、等しいものを見る知覚体験に先立って、あらかじめ了解されていなければなるまい。つまり個々の知覚経験に先立つ場面に、知識の根拠としての原型との接触が要請されるのである。これが、感覚を働かせて生きている現世以前の「生前」に、知識を備えた魂が先在していたことの論証であるとされる（七六C）。

見えないものの挿絵

このことを別の例で考えてみよう。教師が黒板に円や直線図形を描いて幾何学の問題を解説している、というごくありふれた教室の風景をご想像いただきたい。その場合、教師が行って（生徒が了解して）いる作図の行為とは何だろうか。黒板に白墨で描かれた円や直線は、たしかに目に見える視覚対象だが、実際には幾分か歪んだり曲がっていたりするから、厳密な意味での（定義を満足させる）直線とはいえない。しかし、現に黒板に描かれた「正三角形」や「円」を見て、「正三角形」や「円」という言葉が意味する数学的な対象（一点から等しい距離にある点の集合）を理解できる。それらは決して直接目で見ることはできないし、そもそも定義上、点は位置のみ有して広がりをもたず、線は幅のない長さだけの存在だから、黒板上に描くことなど不可能である。しかし、本来不可視な対象である直線に「よく似たもの」がある。黒板に描かれた可視的な直線は、いわば、不可視な直線のイラストレーションである。あたかも絵本を読む幼児が挿絵を見ながら本文の内容を理解するのと同様に、描かれた直線を挿絵として、その絵が指し示す抽象的な概念の世界へと精神の目を向けていくのである。

このように、知覚の対象と想起の対象とは、厳密に区別されなければならない。そして個々の知覚経験が成立するためには、それとは次元を異にする、感覚に先行する知識があらかじめ構造化されていなければならない。イデアの存在と生前の魂の存在とは、こうして密接不離な関係にあることが明らかにされるのである。

さて『パイドン』の後半では　前半でいったん「証明」されたはずの魂不滅の論証が、もう一度シミアスとケベスによって根本から問い直されることになる。ケベスによれば、先の想起説が示したのは、単に魂が生前にも存在していたはずだとする想定であって、死後にも不滅であることは保証しない。魂が次々に輪廻転生を繰り返すとすれば、一回の人生ごとに纏う肉体は着物に喩えられよう。だが絶えず変化と消滅にさらされる肉体に比べて、魂のほうがなおそれ自身だけで生き延びるとしても、魂が疲労のために突然解体消滅してしまわないとは限らない。生涯に何枚もの着物を着つぶした老年の機織師が、死ぬときにも最後に着ていた着物を後に残していくように、肉体と比較して長命であることは、魂がそれ自体として不滅であることをなんら含意するものではない（八七A―八八B、九五C―D）。

ソクラテスは、彼の疑問に答えるためには、事物の生成消滅の原因についての詳細な考察が必要だとして、自分の体験談を交えて長い話を繰り広げる。イデアはこうした事物の生成消滅の説明根拠として登場してくる（いわゆる「イデア原因論」）。しかもそれは二度にわたる探究の挫折を経た後に、次善の策として構想された方法なのである。

科学少年ソクラテス

ソクラテスは若い頃、自然学研究に熱中していた時期があったと回顧する。自然界の不思議な現象をいかに合理的に説明できるか、生理学、物理学、天文学に相当する分野でのさまざまな理論に夢中になっていたという（九六A）。ソクラテスがこのように自然研究に従事したのがはたして事実であるかどうかは議論の余地があるが、いずれにせよ、前六世紀以来のイオニア自然学の興隆がアテナイにも影響を及ぼしていた事情を背景としていることは間違いない。まずは科学少年としてデビューし、自然現象の合理的な理解に魅せられた青年ソクラテスは、しかしやがて大きな壁にぶち当たることになった。それは「人間はなぜ大きくなるのか」という問題である。こうした素朴な「なぜ」の問いに対して

「飲食によって骨には骨が加わり、肉には肉が加わるからだ」と自然学は説明してみせる。表現はいささか古風だが、蛋白質や酵素などの概念を援用する今日の科学的な説明方式と基本的には変わらない。だからそれは、ケベスにはもっともな考えだと思えるのである。ところがソクラテスはこうした回答に満足できなかった。彼にとって「人間が大きくなる」とは、いくら自然学の用語で説明されても納得できない「驚き」に満ちた出来事なのである。だが読者は、ソクラテスのいささか奇妙なこの驚異の念を共有し理解できるだろうか。「哲学は驚きに始まる」（アリストテレス『形而上学』第一巻第二章）とはいえ、ここには広義の学問研究を始発させる知的好奇心一般ではなく、科学とは水準の異なる哲学固有の驚きが顔を覗かせているのである。

善と必然の知

ソクラテスが躓《つまず》いたのは、自然学的方法が事物の生成消滅の妥当な説明を与えうることへの深刻な懐疑であった。それまでの知識が一挙に暗転し、彼は盲目になってしまった。そのときソクラテスは、ある人から、アナクサゴラスの書物を紹介され、その中の「ヌースの説」に重大な関心を抱いた。ヌース（知性、理性）とは、物質的な要素とは全く異なって宇宙全体に行きわたる一種の精神的原理であり（『哲学の原風景』一四五頁）、これこそが真の原因の説明を与えてくれるのではないかと、ソクラテスは期待を寄せたのである。

なぜなら、万有に浸透するこうした理性的原理が実在するとすれば、それは最善の仕方で宇宙全体を秩序づけているに違いないからである。地球が球形なのはなぜか。大地が宇宙の中心に位置しているのはなぜか。それは、現にこうしたあり方が最善だからであろう。「光は（密度が一定の媒体の中では）直進する」。これは端的な経験的事実である。だがそれはなぜか、と改めて問われたら、どう説明したらよいだろう。それが最も無駄がないから、経済的だから、いろいろな答え方があるだろうが、いずれにせよ、自然の中に貫徹しているると想定される合理性や合目的性を抜きにしては、そもそも自然の理解が成り立たない。つまり、そのものにとってなぜそのような仕方で存在しているのかは、なぜそれが一番善いのかを説明することによって、明らかにされるのであるから、「善」とはここでは事物の単なる属性の一つに尽きるものではなく、必然性を媒介としたそのものの存在の根拠になっているのである。そこでソクラテスは、いったい何が最善であるかということ以外に、探究に値する課題は一つもない、とまで考えていた（九七D）。

ところが、実際に読んでみると、アナクサゴラスの書物はこうしたソクラテスの期待を裏切るものでしかなかった。何のことはない、それは自然学的説明の一種にすぎなかった。個々の現象を説明する段になれば、ヌースは説明原理としてはまったく効力がない。それは「真の原因」と、その原因が原因として成り立つための、いわば「必要条件」とを取り違えていたからである（九九B）。たとえば、ソクラテスがいま、牢獄のこの場にこうして座っているのはなぜか。その根拠は、自らに下されたアテナイの法廷における判決を当人自身が「よし」と認め、死刑に服することを正当だと認めているからであり、それ以外の理由ではない。着座の姿勢をとっている際に、足の筋肉や神経繊維の状態など自然学的・生理学的な記述をいくら積み重ねてみても、現実の行為を説明する根拠にはならない。判決に服するほうが正しく立派であると考えないとしたら、骨や筋肉は最善と思われる判断に従って、とっくの昔にその持ち主を脱獄逃亡させていたであろう（九九A）。

読者各位は、いま（書店の棚で、机に向かって、寝転がって、電車の中で）こうして本書を読んでいる。だが翻ってそれはなぜだろうか。ほかにもいろいろとする（したい、すべき）ことはあるはずだから、ある特定の行為を行うとは、義務であれ、習慣であれ、趣味であれ、そのことが「よい」ということを、あえて意識しないにせよ、心のどこかで認めているからではないか。欠伸《あくび》をする、くしゃみをするといった、単なる生理的な反応や衝動的な行動ではなく、人間がなんらかの行為をなす（したがってまた責任をも問われる）場面において、すでにわれわれはどこかで「よい」ということの判断にふれている。もっとも、この「よい」の実質

アナクサゴラス

は必ずしも一義的ではない。楽しいから、習慣だから、義務だから、さまざまな理由が考えられるが、究極的には「そのことをするのがよいことだ」と認めているからである。あるいは逆に（特定の自発的な動作を伴わないでいる）沈黙や不作為の場合であっても、そのことはしなくても（あるいはしないほうが）「よい」のだ、という判断や思考が暗黙のうちに前提されているからなのである。

言葉の中での探究（イデアの措定）

しかし、究極的に何が善いことなのか。端的に必然性を解明するこうした原因を、ソクラテスは直接に見出すことができなかった。そこで彼は、まったく独自のやり方で、いわば次善の策（原語では「第二の航海」）を編み出さざるをえなかった。この策とは、日蝕を観察する際に直接太陽を凝視して目を傷めないよう、間接的な映像を手掛かりにするかのように、「言葉（ロゴス）の内に逃れて、そこで存在の真理を尋ねる方法」であった。つまり、いきなり事実にぶつかるのではなく、まず言葉（ロゴス）を手がかりに考察を進めていく方法である。それはまず何よりも確実だと判断する言葉（命題）を前提に据え、その前提と一致するものだけを真と認めることにより、前提となるロゴスから出発して一歩一歩事象そのものに接近していくやり方である（一〇〇A）。

さてここで、前提に当たるロゴスは二つの命題から成っている。第一は、美のイデアがそれ自体として存在するという、イデアの想定である。個々の美しい事物とは別に、「美そのもの」「善そのもの」「正しさそのもの」など総じて「そのもの」と呼ばれるべきものが実在するということは、すでに『パイドン』の前半でも幾度か登場していた（六五D、七四A、七五D、七六E）。

第二の前提（イデアの分有）

もう一つの（より重要な）前提がある。それは、「美そのもの」以外に何か美しいものが存在するとすれば、それは、この美のイデアに「与《あずか》る」（分有する）からであって、それ以外の根拠はない、という前提である。つまり、あるもの（例えば眼前の花）が美しいのはなぜか、その説明・根拠を与えようとしたら、それは、色彩が鮮やかだとか、花弁の形が見事だといったような、当の美しいものが所持しているさまざまな属性や事実に訴えてはならない。そうではなくて、美のイデアがその場に「臨在している」というか、あるいは、イデアを「共有している」というか、厳密な術語の確定はともかく、この美しいものが「美そのもの」となんらかの関係を持っていることによって、つまり「すべて美しいものは、美そのものによって美しいのだ」という説明を与えなければならない（一〇〇D）。

しかも、こうした説明の方式が最も「安全な」答えなのだ。そしてこの前提を認めれば、そこから出発して魂がそれ自体として不死であることが論証できる、とまでソクラテスは言う。しかし「美しいものはすべて〈美〉によって美しい」というのは、単なる同語反復にすぎないのではないか。「美しい」という事態を説明するために、同名のイデアを持ち出すことに、いかなる積極的な意味があるのだろうか。

「美しい」ことの説明

たとえば、目の前の花瓶に挿してある花を見て「この花は美しい」という場合を考えてみよう。この花はたしかに紛《まご》うことなく美しく咲き誇っている。それは、カトレアの一種であり、色は朱色に近い赤で、大輪の花弁で、という具合に、この花についてさまざまな言葉を述べ立てることができよう。そうすると「この花は美しい」というときの「美しさ」は、この花がもっているさまざまな性質、たとえば、この花がもっている「赤さ」と同じレベルの「性質」の一種なのだろうか。しかしプラトンの見方は、どうやらそれと正反対の方向を示しているようである。

たしかに「赤」という色を取り上げてみれば、これは明らかに、この花という物体《モノ》が持っている属性ないし性質であると言ってよかろう。モノはすべて色をもつ。逆に、色のないモノはないし、モノ抜きの色自体もありえない。赤さとは、何よりも、あの夕焼けの色であり、このリンゴの赤であり、必ず具体的なあるモノの持っている赤さなのである。赤さだけが、それを担っているモノ抜きに、それ自体として独立にどこかに存在するという

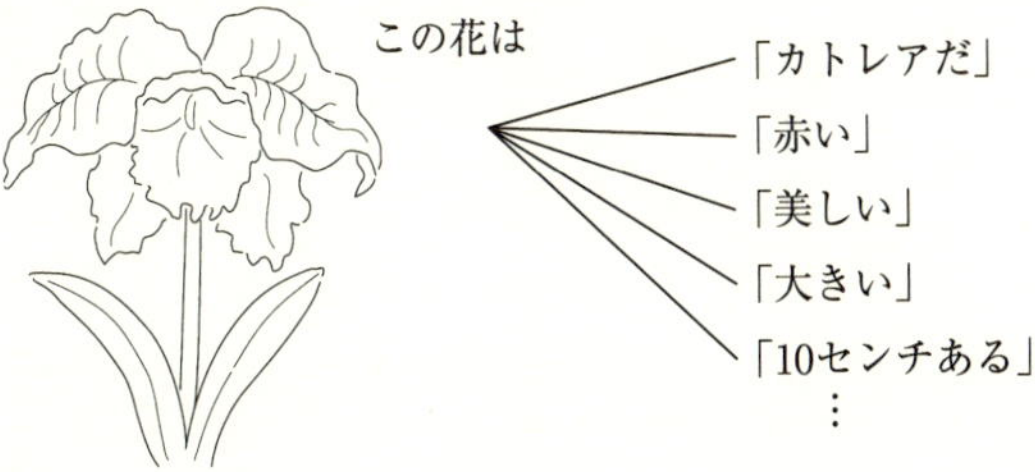

ことは想像しにくい（こうした実体と属性の区別に関するアリストテレスの的確な分析については、二三〇頁）。

それでは今度は「大きい」「小さい」といった語ならばどうだろうか。桟敷席から見る土俵上の貴乃花はたしかに「でかい」。でもそれはなぜか？　と改めて問われれば、どうしても、身長がこれだけあるから、体重がこれだけあるから、と言いたくなるだろう。貴乃花の持っている身長、体重といったいわば「事実」を持ち出すことによって貴乃花の「大きさ」が説明できる、と誰しも考えるのである。ところが、次に西から対戦相手の（譬えが少し古いが）小錦が登場する。そうすると今度は、「あれ、貴乃花ってずいぶん小さいな」と思ってしまう。ではなぜ貴乃花は小さいのか、説明しようという段になると、前に挙げたのと全く同じ属性を持ち出して、「それは、身長がこれだけしかない、体重がこれだけしかないからだ」と言わざるをえない。そうであれば、前に「貴乃花はやはりでかい」と思ったときの説明根拠が、今度は「貴乃花って小さいじゃないか」という場面でも持ち出されていることに気づくだろう。つまり、同一の事実が正反対の述語（大きい／小さい）の説明になってしまっている。このような事態に、読者はソクラテスと同じ「驚き」を覚えるだろうか。

あるAが「大きい」ことの説明は、当のAが持っている性質や事実によってはできない。なぜなら「大きい」「小さい」という語は、単に「あるAは」という主語をとるだけではなく、「Bよりも」という、対比されるもう一方の項が必ずあらかじめ前提されているのであり、「Bよりも」というもう一方の前提がなければ、はじめから意味を持たない言葉なのである（「左右」「上下」など、こうした関係をあらわす概念は「二項述語」「不完全述語」と呼ばれる）。こうした対比の観点Bを抜きにして、ただ主語に立つAが大きいか否かを決定することはできない。それにもかかわらず、普段それが自明な場合（先の貴乃花の例では、標準サイズの日本人男性から見れば、という前提）には、あえて発語されることはない。いずれにせよ「大きい」「小さい」といった言葉は、主語に立つAの持つ「性質」ではなく、むしろ他との「関係」を表示する概念なのである。

初期対話篇の中で、徳目をめぐってソクラテスが繰り返し問うていた「何であるか」の問答にも、実はこうした問題が潜んでいる。「勇気とは何か」に対して、将軍ラケスは「戦列に踏みとどまって逃げないこと」という定義の候補を挙げていた。ソクラテスはそれに対して、歩兵ではなく騎馬の場合には「逃げながら」戦う戦略があることを指摘する（『ラケス』一九一A）。「Fとは何か」を説明する際に持ち出される説明の根拠ａに対して、それとは正反対のbも同様に説明根拠となってしまう。「正義とは何か」の場合（『国家』三三一C）、「借りたものを返す」ことは、刃物を預かった知人が錯乱してしまった場合には、決して正しい行為とはならない（説明根拠aがF〈正義〉と正反対の事態G〈不正〉の根拠にもなる）。「節制とは何か」の場合（『パイドン』六五E）、快楽を奪われることを恐れるがゆえに節制的な生活を送るとすれば、ほかならぬ欲望が節制の根拠になる（Fとaとが反対になる）。つまりある型の事実を個別にいくら挙げてみても、それは徳や価値の必要十分な説明根拠とはなりえない。「何であるか」に答えようとして常に行き詰まりに陥るのはなぜか、という問題への見通しが、ここに集約されているのである。

「もの」と「こころ」

「美しい」という例に戻ろう。「美しい」という価値語は、どうやら当初の予想に反して「赤い」という性質語よりも「大きい」という関係語に近い働きをしていると考えたほうがよいのではないか。『パイドン』の「第二の航海」は、日常のささやかな経験の中に潜む奇妙な驚きを介して、しだいにものの見方の根本的な転換へと読者を誘っているように思われる。たしかに「眼前に咲いているこのカトレアの花はなんとも美しい」という場合、そこで美しいと感じる感情や判断に嘘偽りはあるまい。ところが突然、その横に遥かに豪華な大輪の薔薇の花束が出現した途端、いままで見ていた一輪のカトレアの美しさは一挙に色褪《あ》せてしまうのである。第二に、見る人抜きの美はありえないという条件も考慮しなければならない。いかに自分にはえもいえず美しいと見えていても、同じ対象を見ているはずの隣の無粋な人はなんとも感じない、という事例はいくらもあろう。それに対して色彩語「赤」の場合は事情が異なる。たしかに知覚体験の私秘性をめぐる微妙な問題が伏在しているとはいえ、色彩の知覚は、自然的な条件によって決定されている要素がはるかに濃厚である。ぼんやりした赤の隣に、にわかに鮮紅が出現したからといって、もとの花の赤さまでが失われるわけではあるまい。

むしろ、真の美しさとは、絶えず新たに発見されていくものだというべきだろうか。誰もが一致して美しいと認めているもの（教科書的な芸術作品など）は、客観性を装いながら、実は手垢にまみれた同時代の「趣味」を共有しているだけかもしれない。それに対して、いままで誰も気がつかなかった何気ない風景、生活のごく平凡な一場面、そこになんとも言われぬ充実した重さを見出すとき、単に「きれい」「かわいい」といった絵葉書的な美しさとは違った、感動を伴った美的経験が生まれる。さまざまな芸術は、いずれもそうした発見の契機を含んでおり、ものごとの「本当の姿」とは、隠されていた美が突然開示されるという（宗教的啓示にも似た）側面を孕んでいるのである。

以上述べたように、美しさとは「この花」が持っている性質には決して還元されない。この花が美しいのはなぜと問われて、花弁の形態や色彩といった事実を持ち出すのは、先にソクラテスがアナクサゴラスを批判していたような、たまたまその花が美しい場合の、いわば必要条件を並べているにすぎない。つまり、「すべて美しいものは〈美〉によって美しい」という同語反復にも似たイデア論の定式が意味するのは、美しいものの持つ美しさを、主語に立つところの「美しいもの」が有する性質（事実）からは決して説明できないし、またしてはならない、ということの表明だったのである。モノ（あるいは主語）の側から説明できないとなれば、その根拠は反転して、見る人の判断による、とするしかなかろう。つまり美しいと感じる人抜きに、この花の持っている美しさは説明できない。「美しい」とは、見る人の「心」の存在抜きには語りえない言葉であり、イデアを立てることと、魂あるいは心の存在とは表裏をなしているのである。

しかし、だからといって、そうした美しさを認識主観に対してまったく相対的なものにすぎないと考えるのは誤りである。ソフィストたちはたしかに「各自にそう思われる」ことと（現象）を「実際にもある」こと（実在）だとみなす認識論的な相対主義への傾斜を示していた（『哲学の原風景』一六五頁）。なるほど、快苦、好悪の感覚が、強い主観的な性格を帯びていることは否めない（「蓼食う虫も好きずき」）。しかし「美しい」「立派だ」「素晴らしい」（カロンというギリシア語）と言われる場合、それは単に「気持ちが悪い」とか「これが好みだ」といった、はじめから真偽を問いえない各人の趣味や嗜好の表明ではなく、自分の判断を他人もまた同様に共有すべき規範となることを暗に期待している。つまり、自分の判断を主観的な思いのうちにだけとめおくことはできないことを直観しているのではないだろうか。だとすれば、美しさのあらわれ自体に実在的な性格と認め、個々の美しい物事は、それとのなんらかの関わりをもち、しかもそこからなんらかの距離と落差を伴なって成立しているのではないか。美的体験の核心は、ものの性質ではなく、主観的な趣味の表白でもなく、雲間の太陽のように、美そのもの（イデア）がいまこの（私の心という）場に照らし出されてくるという説明こそが、もっともふさわしいのではないか。

反転図形が示すもの

以上のような認識論の構図を、心理学の実験で用いられる反転図形（両義的図形）を援用して補足してみよう。これは騙し絵や隠し絵などにもしばしば使われるおなじみの技法である。見方を変えるとウサギにもアヒルにも見える絵がある（ジャストロウの図形）。長い嘴を持って左側を向いたアヒルの横顔。それがあるとき、ひょっと見方を変えると、嘴だと思われていた部分が（右上を向いた）ウサギの長い耳に見えてくる。また黒い酒盃のような対称形（ルビンの図形）は、中央の黒い部分を図柄と見ると、両側の白い部分は背景となって酒盃に見える。だが見方を変えて、黒い部分を奥行きのある背景と考えると、二人の人物が向き合っている横顔のようにも見える。

こうした作り物の絵は何を示しているのだろうか。まず、通常われわれは、ある対象

ルビンの図形

ジャストロウの図形

（これをFとする）を見ているとき、単に「Fを見ている」もしくは「Fが見える」と言う。しかし実際には、何かある x（ここでは紙の上に描かれた特定の型のインクの染み）を、一定の意味を持った形Fとして見ているのである。両義的図形は、x を「Fとして」同定することにより視覚像が成立するという認知の構造を鮮やかに示してくれる。ここで重要なことは、x（インクの染み）をあるF（ウサギ）として見せる、あるいは突如反転してG（アヒル）と見せる根拠は x それ自体のうちにはない。あるとしても、それは単なる偶然の類似というしかない。

　第二に「Fとして見える」ことと、それとは相互に独立した概念である「Gとして見える」こととは、決して同時には起こらない。一方が図として浮かび上がってくるとき、他方は地（背景）として背後に退く。背後に退いていたものが前面にあらわれてくるとき、これまでとは全く別の図柄に反転して見えてくるのである。

　第三に、ある x がFとして見えるためには、あらかじめFを知っていなければならない。ただしそれは必ずしも実物である

文脈によって異なって読める「H」の字。
（O. G. Selfridge, Proceedings of Western Joint Computer Conference, Los Angels, California, 1955）

必要はなく、テレビや図鑑で見たとか、なんらかの間接的知識や伝聞情報であってもかまわない。ともかくなんらかの仕方であれFを知っていなければならない。ウサギを知らない人、ウサギを見たことのない人、ウサギという言葉で何ひとつイメージが湧いてこない人には、xは決してウサギとは見えない。当然その逆も考えられよう。アヒルを知らない人には、何時間眺めていても金輪際アヒルには見えないはずである。

原型の知識へ

こうして考えてくると、この図形xは、われわれとは異質の文化圏の住民にとって、われわれの思いも及ばないような未知な道具や動物（H）として見えている可能性をも排除しないことになる。実際、異国の寺院で見かける珍奇な祭具や、古墳から多数発掘された銅鐸のように、その「何であるか」（用途）がわからないものに出会うことも稀ではない。いかに偏見なしに「ありのまま」にものを見ているつもりでも、実は自分があらかじめ知っているものしか、そこに見てとることはできない。

個々の感覚経験に先立つ原型となるものの知識なしには、われわれの知覚経験すらも成り立たないのである。

そしてその場合、Fとして見られるxは、Fに「似たもの」でなくてはならない。似像（x）を直接知覚することを契機に、原型（F）の想起が生じてくる。実際、走り書きした他人のメモを眺め、その筆跡を追いながら内容を判読しようとする場合には、こうした情報処理の作業が無意識のうちに行われているのである。

実在性の逆転

美をめぐるもう一つの問題がある。それはこうした美的経験の反復と深化によって、判断の尺度となる感受性自体が変容してくるという事実である。自然、芸術、人格などさまざまな領域で、より一層美しいものに出会うことによって、われわれの感覚はしだいに洗練され、深まっていく。同時にそれ以前に親しんでいた、当時は美しいと思われたものを、もはや、つまらないもの、価値のないものとみなしていく。つまり、より高次の美を経験するとは、あれも美しい、これも美しいというふうに、われわれにとって美しいものの総量が次々に増えていくことを意味するのではない。むしろ反対に、これまで美しいと思い込んでいたものがどんどん色褪せてつまらないものと化していくのである。このように、より高次の美を発見することによって、いままでわれわれが抱いていた美しいものが逆に次々と消えていくというステップを何度か繰り返すとき、しだいに何か次のような考えにとらわれるのではないだろうか。

いま現在、眼前にあらわれているこの美しさ、それはまぎれもない。だが（過去の経験を顧みるならば）ひょっとするとこれもやがては消えていくのかもしれない。そしてそれらが消えた途端、もっと美しい真実の世界が立ち現れるのではないか。——このような想定の延長線上で、われわれの実在に対する感受性はしだいに逆転していく。それは、どんなに美しいものであっても決してそれを最終的で絶対的なものとせず、感覚される事実世界への執着から切り離され、超越していくことを意味するのである。『パイドン』と同じくプラトン中期の代表作『饗宴』には、女予言者ディオティマなる架空の登場人物の口を借りて、一個の肉体の美しさに惹きつけられる体験を出発点に、しだいに精神的な美の世界に目覚め、やがて、突如として美のイデアに出会うという、上昇の過程が語られている（二一〇E—二一一E）。

イデアを見る統治者

また同じく中期作品に属する長編『国家』では、その中心をなす第五巻から第七巻にかけて、再びイデア論が登場する。理想国家が実現するためには、現状からは想像もつかないことではあるが、権力をもち支配者の地位にある者が真に哲学に励むか、もしくは哲学

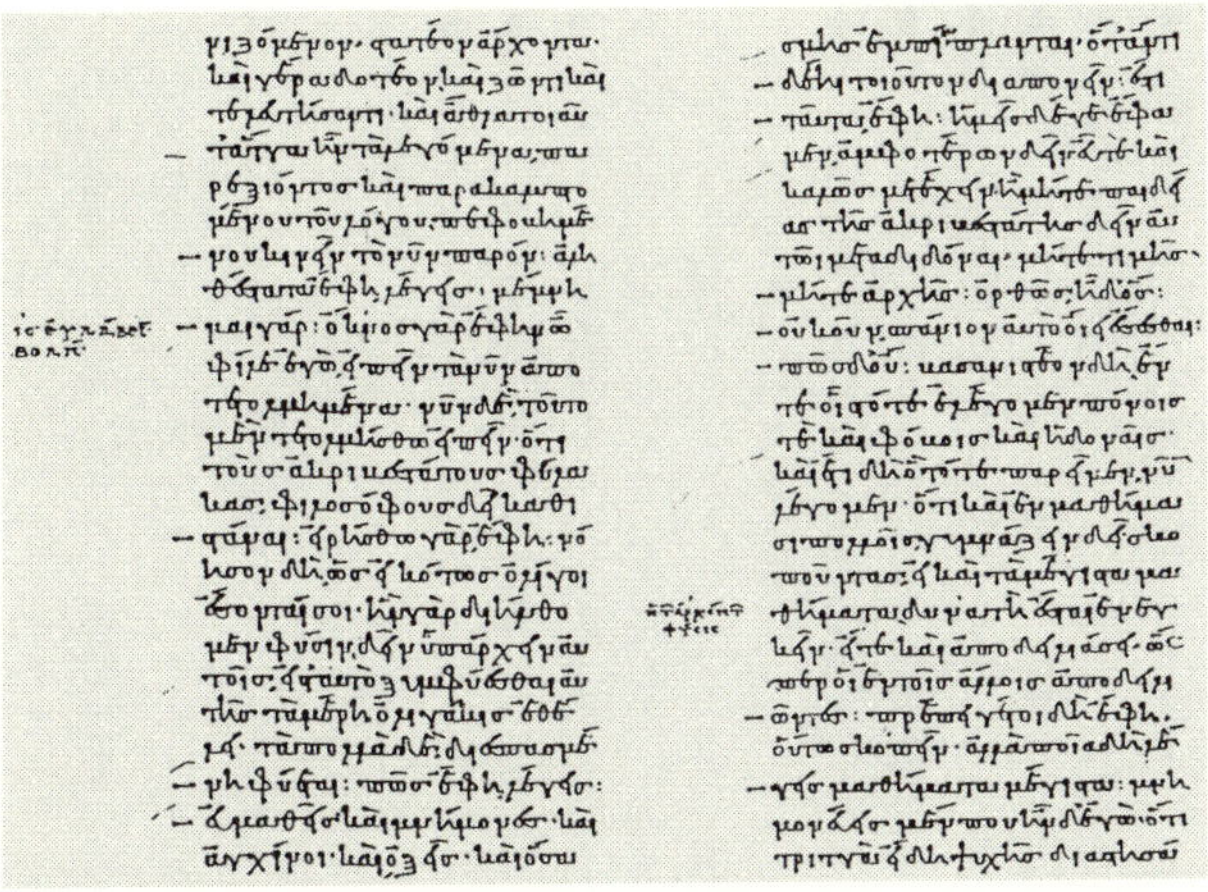

『国家』写本（９世紀／パリ国立公文書館蔵）

者が国々において王となって君臨し国家を統治しなければならない（四七三Ｄ）。しかし、そのような本来の統治者となるべき哲学者とは、一般人のようにただ単に美しい個々の事物に愛着を寄せるだけではなく、美そのものの本性を見極め、それに愛着を寄せること、つまり美のイデアを直視する知的な高みにまで到達できる特別な才能をもち、またそのための特別な教育課程を経た者でなければならぬとされる。真偽の定まらぬ単なる「思惑」から区別された本来の「知識」とは、まさにこうしたイデアを対象として成立すべきものなのである。他方「個々の美しいもの」とは区別された「美そのもの」の存在を認めず、感覚できる美的体験にとどまっている者は、完全な美とその美の「似像」にすぎないものとを混同している。それは、われわれが夢の中で、現実と夢想との区別がつかずに両者を混同しているのと変わらない。感覚世界のうちにしか目が向かない大多数の俗人大衆は、たとえ目覚めているつもりであっても、実際は夢を見ているのとなんら変わりがないと断定される（四七五E―四八〇A）。こうして実在の感覚はまったく逆転していくのである。

参考文献

●プラトン『メノン』藤沢令夫訳（岩波文庫、一九九四年）
●プラトン『国家』藤沢令夫訳（岩波文庫、上下、一九七九年）
●プラトン『饗宴』鈴木照雄訳（『世界の名著6　プラトンI』中央公論社、一九六六年）
●プラトン『パイドン』松永雄二訳（『プラトン全集1』岩波書店、一九七五年）、池田美恵訳（『世界の名著6　プラトンI』中央公論社、一九六六年、新潮文庫、一九六八年）、岩田靖夫訳（岩波文庫、一九九八年）
●関根清三編『死生観と生命倫理』（東京大学出版会、一九九九年）
●大森荘蔵『流れとよどみ――哲学断章』（産業図書、一九八一年）
●井上忠『根拠よりの挑戦――ギリシア哲学究攻』（東京大学出版会、一九七四年）
●藤沢令夫『イデアと世界――哲学の基本問題』（岩波書店、一九八〇年）
●加藤尚武『形の哲学――見ることのテマトロジー』（中央公論社、一九九一年）
●天野正幸『イデアとエピステーメー――プラトン哲学の発展史的研究』（東京大学出版会、一

九九八年）
●神崎繁『プラトンと反遠近法』（新書館、一九九九年）
●瀬口昌久『魂と世界——プラトンの反二元論的世界観』（京都大学学術出版会、二〇〇二年）
●加藤信朗『哲学の道——初期哲学論集』（創文社、一九九七年）
●高橋哲哉『デリダ——脱構築』（講談社、一九九八年）

第7章　プラトニズムとイデアの行方

『パイドン』においてイデアは、素朴な自然学的説明とは全く違う次元から、事物の生成消滅全般を十分に説明し、併せて魂の不滅をも根拠づけようとする議論であった。しかしイデアに課せられた役割は、しだいに微妙な広がりを見せるようになる。すでに述べたように中期の大作『国家』では、理想国家を統治する哲学者が学ぶべき最大の課目として「善のイデア」が登場する（五〇五A）。善のイデア（以下〈善〉と表記）が加わってはじめて、正しいものも、またその他のことも、真に有益なものとなる。とはいえ、この究極の価値をわれわれは決して十全に把握しているわけではない。それを一般大衆は快楽だとみなし、もう少し気のきいた知識人たちは知恵だと考えるが、その正体を解き明かすことは容易ではなく、比喩を通じた類比的な了解に頼るほかはない。

善のイデア――内在と超越

善のイデアをめぐって、また見える世界と見えない世界との関係は『国家』の中ではもはやそれ以上説明されず、太陽、線分、洞窟という三つの印象深い比喩を通じて語られることになる。

まず初めに〈善〉は、ここでは肉眼でものを見る場合と類比的な構造をもつとされる。ものが見えるためには、単に視覚をもった主体である私と、可視的な対象との二者だけでは足りない。つまり、暗闇の中ではものは見えないわけで、見る者にとって見られる対象が現実に目に見えるものとなるためには光の媒介が必要であり、さらにその根拠を辿れば究極の光源として「太陽」が考えられる。〈善〉はこの太陽に対応する位置にある。つまり、感覚ではなく理性を働かせることによって知られる可知的な対象も、決してそれだけで単独に知られるのではなく、〈善〉が媒介しなければならない。〈善〉は対象の実在性を保証すると同時に、認識を成立させる根拠となる。しかもそれは、単に「存在する」とはいえず「存在の彼方に」あるという、なんとも謎めいた原理なのである（五〇九B）。

しかもこれは、いきなり学ぶわけにはいかないのだ。哲学の奥義は安易な早わかりを拒絶する。それは幼時から文芸や体育などの修錬を前提とし、さらに数学や天文学といった魂の視線をはるか上方に向けさせる学科目を序曲として、いわばその本曲にあたる。もはやいかなる感覚にも頼ることなく「哲学的問答法」という一種の定義を通じて事物の本質を直接確定する方法によって、公務の経験を積み、知的成熟を遂げた国家の守護者が、その学習課程の最終段階（五〇歳）において学ぶべきものとして構想されている（五三一E）。

こうした教育と知識のあり方に関して、人間の本性は、暗い洞窟の奥の壁に、篝火《かがりび》の灯によって映し出される影しか見えないように、生まれたときからずっと縛りつけられている囚人に喩えられる（五一五A）。哲学者たる者は、こうした束縛を解かれて、洞窟の壁に揺らめく映像を唯一の現実だと思い込んでいる知的な隷属状態から光源のほうに向き直り、さらに洞窟を出て実在の世界にじかにふれた者なのである。ただし真理を観照した後には、再び同胞の迷妄を諭すために地下の洞窟へと戻らなくてはならない。そこで彼を待ち受けているのは、幻影に慣れた仲間の囚人たちの無理解と軽蔑であった（五一七A）。

プラトンはこうして哲学者の運命を鮮やかに描き出すとともに、存在と認識、人間の教育、さらに国家社会のあり方までをも基礎づけようとする壮大な議論を展開していくことになる。いずれにせよ、イデア論は日常の現実感覚を反転させ、あの世からこの世を眺めるような、不思議な鳥瞰図を示しているのである。このように哲学教育の核心にあるのは「情報化」のごとき累積的な知識の増量ではなく、社会的な成功を保証する処世術でもない。むしろ真実を知った者は、光明から再び暗黒の中に移されて慣れずに戸惑う者のように、世間からは非常識を指弾され、滑稽と嘲笑される道化に映るのである。読者はこうした比喩のうちに、ソクラテスその人の姿が浮き上がってくるのを悟るに違いない。

このようにイデア論が極めて広範な主題と結びついて展開していくとき、そこにはまた新たな探究の課題が芽生えてくる。第一に、イデアが学習や想起の対象である以上、われわれはすでに生前、イデアについての直接的な知識を得ていたとみなすほかはない。だがそうであれば、そうした直接的な知識の獲得とはいかなるものと考えられるのか。

第二に、個別の事象と、それを根拠づけるイデアとはいかなる関係にあるのか。『パイドン』『饗宴』で「分有する」「与《あずか》る」などと呼ばれていた両者の関係は、正確にはどう理解したらよいのか。これは、同じ名称で呼ばれる多くの物事と、それを包括する唯一の意味との関係、とも重なってくる問題である。この二つの問いを深化させることが、後期のプラトンの課題であり、また学園アカデメイアで弟子たちを交えた共同研究の主題でもあったのである（アリストテレス『形而上学』第一巻第六章）。

そこでまず中期作品群で展開された問題の集約であり、同時に以後の後期対話篇における新しい問題展開の芽生えとも見られる『パイドロス』を題材に、第一の問題に接近してみよう。

翼と牢獄——魂の姿

『パイドロス』の中でソクラテスは、人間の生前の魂について、壮大な宇宙論的神話を語ってみせる。魂は自分で自分を動かすものであり、ほかの何かから生まれてきたものではないから、たしかに不死である。だがその本来の姿を、それ自体として説明することは極めて難しい。そこで、魂がいったい何に似ているかを、比喩によって語ろうとするのである（二四六A）。

そこで「二頭立ての馬車に手綱を取る一人の御者がいて、両者が一体となって働くある力」が構想される。馬も御者もどちらも翼を持っており、そしてこの点で、神々と人間の魂は共通の構造をもつ。とはいえ神々の場合は馬の資質も血統も申し分がないが、人間の場合は二頭のうちの片方の馬は劣悪であり、二頭の馬を制御する御者の苦労は並大抵ではない。こうした比喩は、魂のうちに三つの独立した部分を想定する寓喩（アレゴリー）である。二頭の「馬」は、われわれの行動を引き起こす要因となる欲望と、情念（怒り、悲しみなど、総じて気概的と呼ばれる）とであり、同時にそれらを、理性に相当する「御者」が手綱によって絶えずコントロールしている。しかし時には暴走する馬に手を焼いて上手に制御できない場面もある。このように、人間の魂の三部分の不安定な関係を象徴するのが、翼をもった馬車の比喩なのである。

さてこのような魂は、神々の行進に従って天空高く駆けめぐり、やがてそれを昇り詰めるや天球の彼方の世界に、真に存在するといえる、形もなく、色もなく、ふれることもできず、ただ知性によってのみ見ることのできるイデア、すなわち真実在の世界を直観する。真の知識とはみな、この実在に関して成立するものなのである（二四七C）。

　ところが、神々とは違って人間の魂は、欲望や情念に対応する暴れ馬に引きずられ、真実在の一部を見損なう。また神々の行進についていこうとしながらも、御者の手綱に馬が従わず、混乱をきたして暴走衝突し、多くの魂が翼を傷めて折ってしまう。その結果、自分の重さによってこの地上の世界へと転落してしまう。そしてあたかも牢獄のように、個個の肉体の中に閉じ込められてしまっているのが魂の現在の姿である。天上でどれだけ真実在を見たかに応じて、地上においていかなる種類の人間になるかが決まる。九段階に分かれたさまざまな人間の生き方が分かれてくるのである。しかし、人間の魂である以上、いずれにしてもこうした真実在、イデアを見てきたことに変わりはない。なぜなら、何かを知るという働きは、すべて、イデアに即して行われるのであり、人間が雑多な感覚から出発して、純粋に思考の働きによってまとめられた一つのものへと進んでいくという知識の獲得は、つまるところ地上において「似たもの」を契機に天上の彼方でかつて見たことのある真実在を思い出す過程にほかならない（二四九C）。

美への憧憬と狂気

「正義」とか「節制」など、魂を養うための貴重な糧はいくつもある。とはいえ、地上におけるそれらの似像は、必ずしもはっきりした輝きをもたないから、その原型に到達できる者はごく限られている。それに対して「美」は、身体的な感覚の中でも最も鋭い視覚を通じて、その燦然と輝く姿のままにとらえうる。そのために人間は身近な美しいものを目にすると、かつて天上で眺めた美のイデアを思い出すのである（二五〇B）。美しいものを目のあたりにし、かつて見た〈美そのもの〉を思い出すことによって、それに憧れる恋心が駆り立てられ、魂は熱を帯びてくる。するとしだいに、失った翼の生えていた部分がやわらかく溶かされてきて、再び翼が生えてくる。自分がもといた場所へと飛翔して還るためには、通常一万年を要するのである。そこで美しいものを目にして天上に向かって翼をはばたこうとするが、まだ十分に飛び上がることができない。ただ上方を見つめたまま、地上のことがらをなおざりに生活している。そんな生き方が、他人から見ると、何かに取り憑かれた者のように見なされる場合も少なくない。じっさい哲学者や芸術家の生き方は、必ずしも世間の慣習や常識のうちで完結自足するわけにはいかない。しかし、人間の世界にとってほんとうに善きもの、すぐれたものというのは、一種、神がかりに憑かれた「狂気」（マニアー）によってこそ生まれてくるのである（二四四A）。

このように『パイドロス』の中では、壮大で華麗な神話によって、人間の魂の来歴、知識の根拠、翼を媒介にした狂気と理性、そして魂の行く末が、見事に描かれる。そこでは個々の感覚される美しい事物と、感覚によってとらえることのできない、本来の知識の対象となるイデアとは、想起を介した原型と似像の関係に立つものとして厳密に区別され、しかも、それらの存在領域がそれぞれ天上と地上とに割り振られて、二つの世界が並行するものとして語られている。

同時にまた、魂の本来の居場所も定められる。それは、この世に生まれてくる以前の世界であると同時に、死後にそこへと還りゆく世界でもある天上の世界、彼岸の場所にほかならない。現世とは、いわばそのような本来の場所からの転落であり、また再び本来の場へと還りゆくまでを過ごす「仮の宿」となる（ピタゴラス派にも通じるこうした輪廻転生の世界観については『哲学の原風景』五二頁）。だからといって、そのような仮の宿である現世は、必ずしも全面的に意味を剝奪された場ではない。そこでいかなる生き方をするかによって、再び来世における新しい生のあり方が決定される、いわば修行の場であるとみることもできよう。そしてそこでの最高の生き方こそ、知を愛し求めてやまない「哲学」であり、しかも、そのような、真偽定まらぬ思惑を退けて真理に殉じる哲学者の生き方は、非常識や狂気として大衆の誤解にさらされざるをえない。一方で、魂が再び天に向かって上昇し、自分の住んでいたもとの世界へと還りゆくための手段は、孤独な修行や悟りによるのではない。むしろエロースと呼ばれる情緒的な愛の結びつきを基盤に、徹底した対話問答を通じた相互教育、総じて人間相互の共同探究と友愛の契機が強調される点も『パイドロス』の特徴である。

帰還する魂

『パイドロス』には『饗宴』や『国家』と並んで、不可視の天上世界へと想像力を飛躍させた美しい物語が語られ、古代から二〇世紀に至るまで数多くの文学者や宗教家を惹きつけてきた。だがホメロスの長編叙事詩『オデュッセイア』にもなぞらえられる魂の帰還を説くこうした思想は、あくまで一種の神話・物語（ミュートス）によって語られているのであり、その内容が事実であるかどうかの確実な検証とは無縁であることに注意しなければならない。文学的想像力にあふれた中期作品のもつ魅力は、ソクラテス的な徹底した論理的吟味の尽きる地点で、一転して巧妙無類なミュートスによって、背後世界を鮮やかに描いてみせた点にある。だが一方、こうしたミュートスでしか語れない彼岸の世界について、これを確固たる一つの教説、理論、思想として構想しようとするところに、後世「プラトン主義」として一括される思想傾向が芽生えてくるのである。

宇宙の創成

プラトン主義を成立させる原動力になったもう一つの重要な作品は、後期自然哲学の集大成『ティマイオス』である。語り手ティマイオスによれば、この宇宙は神々の配慮によってある時点から創り出された、それ自体が魂を備えた理性的な生物である。「父」とも

「製作者（デーミウールゴス）」とも呼ばれる造物神は「常に同一を保つもの」に注目し、それをいわば設計図として、似像としてこの宇宙を創り出したのである（二八A―三一B）。ここではイデアが範型として事物の製作の根拠として語られており、また正多面体など同時代の立体幾何学や天文学の成果を背景に高度な宇宙論的思弁が展開されている。ここに盛られた宇宙論は、「唯一神による、合理的秩序の貫徹する世界の創造」というユダヤ・キリスト教の天地創造神話を自然学的に説明し補強するための強力な理論を提供したことから、後世に圧倒的な影響を及ぼした。特にカルキディウス（四世紀）による（著作前半部の）ラテン語訳を通じて西欧ラテン世界に紹介され、十二世紀のシャルトル学派をはじめとして数多くの注解書が書かれ、中世を通じて一貫してプラトンの主著とみなされてきた（この事情は、ラファエロの大作『アテネの学堂』の中で、赤い上衣を纏って天上を指差すレオナルド・ダ・ヴィンチ扮するプラトンが、左手で抱えている本の書名からもうかがえる）。

プラトニズムの系譜

プラトン主義とは、『ティマイオス』『パルメニデス』『饗宴』『パイドロス』『パイドン』『国家』『ソピステス』『ピレボス』など、いくつかの著作（特に中期後期作品）を題材に、その中に盛られた高度な思弁と多様な神話的表象とを、体系的な世界観の教説として理解

ラファエロ画『アテネの学堂』。中心で右手を上に向けているのがプラトンで、その右隣がアリストテレス。プラトンより左側、左向きで話している人物がソクラテス（バチカン「署名の間」）

する立場である。そこでは厳密な論理的問答、ミュートス、多彩な比喩、そしてこれらをすべて包括した対話劇という文学的虚構、こういったプラトンのテクストがもつさまざまに異なる水準の言語による叙述の相は均一化され、一枚岩の教説ないし理論に精錬される。

時代と環境によって複数の潮流が区別されるが、一般に可視界と不可視界（可知界）との二世界説、造物神による合理的な宇宙の創造、霊魂の不滅と輪廻転生、死後の応報と刑罰、精神的な愛による美的体験の深化、一と多の論理的思弁、などの理念を共有する。アカデメイア第一六代学頭アンティオコス以降の「中期プラトン主義」（前八〇—後二二〇）には、旧約聖書の比喩的解釈を開拓したユダヤ人フィロン、プラトン哲学入門として広く読まれたアルキノオス、哲学寓話『黄金の驢馬』の著者アプレイウス、中世医学の最高権威ガレノス、モラリストの伝記作家（『英雄対比列伝』）でデルポイの神官プルタルコスなど多彩な人物が含まれる。

また三世紀以降六世紀にかけては、プロティノスを祖として直弟子ポルピュリオス（『アリストテレス範疇論入門』）、体系家プロクロス（『神学綱要』）、イアンブリコス（『ピタゴラス伝』）など「新プラトン主義」の思想傾向がローマやアレクサンドリアを中心に展開し、知的な超越と救済を標榜した。さらに四世紀のカッパドキアにおけるギリシア教父やアウグスティヌスなど、一般に、新プラトン主義がキリスト教思想の中で開花したクリスチャン・プラトニズムと、フィチーノを中心とするフィレンツェ・アカデミーでの復興

（一五世紀末）など、多様な展開の中で、哲学者のみならず、宗教家、文学者や自然科学者、芸術家にまで大きな影響を与えて現代にいたっている。

シュライエルマッハーをはじめ一九世紀以降の厳密な文献学的プラトン研究は、ある意味で、こうした新プラトン主義の思想傾向からプラトンの著作そのものを洗い出し、本来の歴史上の文脈に戻すことによって、著者の意図を正確に理解しようとする作業でもあったのである。

イデアの身分をめぐって

ここで、次の問題に移ることにしよう。イデアの存在性格、特に、同じ名前で呼ばれる多様な事象と、それを根拠づける一なるイデアとの関係をめぐる問題である。

個々の美しいものと〈美そのもの〉との関係をどのように理解するか、をめぐって「分有」をはじめ「共有」とか「臨在」といった用語が並列されたものの、決定的な規定は留保されていたし（『パイドン』一〇〇D）、その解明はプラトン一人の課題にとどまらず、弟子たちを交えた共同研究に委ねられたとも言われている（アリストテレス『形而上学』第一巻第六章）。では個々の美しいものが〈美そのもの〉に与る、あるいは、〈美そのもの〉を分け持つ、分取するというのは、正確には一体いかなる事態を意味しているのか。アリストテレスが証言するように、学園アカデメイアの中でさまざまな角度から議論され、こうした熱気を背景に、中期から後期への移行期にかけて『パルメニデス』が書かれたと思われる。

この作品の前半では、若きソクラテスの提出する範型イデア論が、たまたま汎アテナイ大祭の見物に上京したエレア派の創始者老パルメニデス（『哲学の原風景』一〇三頁）の徹底した吟味と批判にさらされ、ソクラテスの主張は大きな困難に直面する。後半ではこの困惑する若者に対して、その勇気を讃えつつ哲学的探究のための予備練習として、「一」と「多」をめぐる論理パズルが繰り広げられる。これは抽象度の高い極めて難解な部分であり、新プラトン主義の思想圏でもさまざまな思弁を生み出す源泉になった。

『パルメニデス』を境に、ソクラテスはしだいに対話劇の主役の座を降りていく。またあからさまなイデアへの言及は影をひそめるようになるが、この変化は何を意味するのだろうか。果たしてプラトンは『パルメニデス』において、ソクラテスの提出したイデア論を老パルメニデスに批判させることによって、イデア論のもつ根本的な誤謬に気づき、自説を放棄したのか。それとも、イデア論にもとづく世界観は維持したままで、その論理的な基礎づけの作業へと向かっていったのか。あるいは、プラトンが構想していた本来のイデアが、後継者たちの間で継承され拡張されていくうちにしだいに歪曲誤解され、その点を先哲に仮託して批判させたのか。プラトンの晩年の哲学を、それ以前の著作との関係でいかに理解すべきか、多くの問題点が孕まれており、研究者たちの間でいまなお多岐にわたる議論が活発に繰り広げられている。

何にイデアがあるか？

さて老パルメニデスは、ソクラテスの範型イデア論の主張を次のように確認するところから吟味を開始する。

「一方では、形相、つまりイデアがそれ自体として離れて存在し、また他方、この形相を分有するものどもが別にある、というのが君の考えなのだね。そして、正しさ、美しさ、善さといわれるものの形相がそれ自身としてあるのだね」（一三〇B）。ソクラテスの同意を承けてパルメニデスは、人間、水、火の形相はあるのだろうかと尋ねる。つまりここでは、価値語ではなく、自然物の命名の根拠が問題にされるのである。

たしかにイデア論の出発点にあったのは、たとえばあるものが美しいと言われるときに、その述語判断を根拠づけるものは何か、という問題であった。しかしそれならば「これは人間だ」「これはバラだ」といった判断の成立根拠も、独立した「人間自体」を立てることで説明できるのだろうか。何ものかについてある言葉を発語するたびに、その言葉と名を等しくするイデアに言及することによってしか述語の根拠を説明できないとしたら、判断が行われる言葉の数だけ、同名の自存するイデアを持ち込む羽目になる。それではいったい、イデアは何を説明したことになるのだろうか（アリストテレス『形而上学』第一巻第九章)。ソクラテスは、人間にイデアがあるのかどうか、大いに迷ったことを告白する(一三〇C)。

さらにパルメニデスは、汚物、抜け髪、泥といった無価値なものについても同様にイデアがあるとすべきかどうかと畳みかける。つまり善のイデアがあるなら、逆に悪のイデアもあるのだろうか。また美の反対に、あるものが「醜い」「汚い」という場合、どこから見ても、誰が見ても変わらない、それ自体として永遠不変の〈醜悪そのもの〉が実在して、それが根拠になっているのだろうか。仮にそう考えれば、この世界を、光と闇とに喩えられる価値と反価値とが対立抗争する舞台と考える二元論へと導かれよう。そしてこれはこれで、古代のグノーシス主義からマニ教へと至る思想の軸を形成する源泉なのである。あるいは、あたかも闇が積極的な実在ではなく、むしろ光が欠けている状態とみなすほうが適切なように、醜さとはそれ自体で独立した実在的なあり方というより、単に美しさの欠けた消極的・欠如的な状態を意味すると考えるべきだろうか。実際、悪を「善の欠如」として理解する後者の方向は、アウグスティヌスからトマス・アクィナスを経てカントに至るまで、西欧形而上学の主流を形成してきたのである。ではいったいイデアは、いかなる言葉、いかなる事物について想定すべきなのか。イデアを立てる範囲としては、いったいどこに線が引けるのか。これが最初の問題点であった。

範例イデアと分有――第三人間論

次にパルメニデスは、「分有」の意味を尋ねる（一三〇E以下）。一つのイデアに対して、「多」としてあらわれる個々の事物はいかに関係するのだろうか。いまここに、いくつかの「大きいもの」があるとしよう。それに対して、この大きいものを大たらしめている根拠として「大」のイデア（『パイドン』一〇〇E）を持ち出したらどうなるだろうか。さてこの場合、大のイデア、つまり〈大そのもの〉は果たして「大きい」といえるだろうか。仮に、大のイデア〈大そのもの〉が小さいとするならば、「この小さいものによって大きいものが大きい」という奇妙な説明を招くことになる（『パイドン』一〇一B）。そこで大のイデアは大きいとしてみよう。こちらのほうがはるかに自然な想定であろう。ところが、個々の大きなものと一緒に並べてみれば、大そのものも、また同様に大きいものの一つであることに変わりはないから、それが大きいことを根拠づけるためには、もう一つ別の〈大そのもの〉が向こう側にあらわれてくる。以下同様にして限りなく後退し、一なるイデアを立てても、それが向い合せの鏡に挟まれた像のように無限にあらわれてきてしまい、有効な説明にならなくなってしまう（一三二A）。

たしかにわれわれは、複数の事物、それも少しずつ微妙に違う個体を、一括して同じ一つの言葉で呼んでいる。同じく「赤」と言っても、「赤い」とされる色の中に、微妙に違うさまざまな種類の赤さが複数同時に含まれていることに気づいていよう。とすれば、筆箱の中の赤鉛筆、食卓の上にあるリンゴの赤、道端に立っているポストの赤、遥か向こうに見える夕焼けの赤、そうした多様な「赤いもの」に共通して、「これは赤い」と言わせている根拠はいったい何なのだろうか。

それは結局のところ、一番赤らしい赤、典型的な見本となる「真っ赤」を立て、そのような「赤そのもの」がたしかに唯一存在し、それを基準として、さまざまな事物のもつ個個の色相について「赤い」という述語が成り立つのだ、と考えたくもなろう。これこそいま問題になっている範型イデアといわれる想定であり、一般概念の述語根拠として、個別者でありながらしかも普遍性の根拠として要請されるべき、お手本や典型（パラデイグマ）としての存在を導入する発想なのである。

ところが、こうした見本となるべき「真っ赤」は、たしかにそれ以外のあまり赤らしくはない赤（朱色、橙色、紅色）とは違うにしても、やはりまた赤であることには変わりない。ではそうした典型的な赤をも含めて、再びそれらのすべての基準となる根拠を求めるとすれば、そこにはまた別の色見本が登場することにならないか。しかもそれは「まだ見たこともないような赤」なのだろうか。多を説明するために導入されたはずの一なるイデアが、再び多へと分散してしまう。これが後にアリストテレスによって、イデア論を批判する厳密な議論の一つとして半ば術語化された「第三人間論」と呼ばれる議論の眼目である（アリストテレス『形而上学』第一巻第九章）。

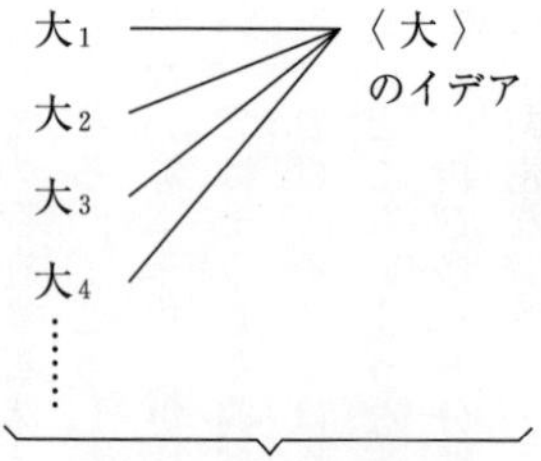

もうひとつの〈大〉のイデア

範例イデア論の二つの前提

こうした『パルメニデス』の議論の真意については、専門研究者の間でも理解が分かれている。なかでも、分析哲学の手法を駆使して戦後米国のギリシア哲学研究を主導したグレゴリー・ヴラストス（プリンストン大学教授、一九〇七―九一）は、こうした範型イデア論の成立には二つの前提が隠されていることを鮮やかに分析してみせた。第一は、ある性質Fの説明根拠となるイデアは、同じくまたFと呼ばれる。したがって美のイデアは、個々のものが「美しい」と呼ばれるのと同じく「美しい」と述べられる（自己述語の前提）。第二は、ある個別のxがある性質Fをもつと言われる場合、その根拠として立てられるイデアは当のx以外のものでなければならない。xとイデアは別である（非同一の前提）。そして彼は、この「自己述語前提」と「非同一前提」の両者は、イデア論を支える不可欠の前提でありながら、突き詰めていくと相互に矛盾してしまう関係にあることを、厳密な論理によって展開してみせた。つまり、個体の持つ性質を担う一般者が、それらから離れて個体と並ぶ位置に立つ（つまりもうひとつの個体となる）とすれば、そこにはいくつも奇妙なパラドクスが生じてくるのである。

ヴラストスは、第三人間論がイデア論にとって致命的であると診断し、したがってプラトンは中期に花咲いた自説を自ら葬り去ったと考えた。にもかかわらずまさしくその論理的潔癖さにプラトンの偉大さを認め、中期イデア論と後期哲学との断絶を強調したのである。

普遍と原器

これに対しては、さまざまな反論、提案、修正が沸き起こり、六〇―七〇年代にかけて論戦は活況を呈したが、その中から一つだけ、ピーター・ギーチの有力な解決策を紹介しておこう。彼は師であるウィトゲンシュタインから想を得て、パリの国立博物館に陳列してあるメートル原器を例に引く（『哲学探究』第一部五〇節）。さて目の前にあるこの机（の幅）は一メートルだと言えるが、またメートル原器が一メートルであると語ることもできよう。ところが「この机は一メートルだ」という命題と「メートル原器は一メートルである」というのは、同じ述語に見えて、実は微妙な違いが潜んでいる。「この机が一メートルだ」というのは、真でも偽でもありうる。それは、改めて測定してみれば結論が出る経験命題なのである。そしてその真偽を決定する測定の根拠は、当然のことながら長さ全般の尺度、つまりメートル原器であろう。

では原器についてはどうだろうか。「メートル原器（の長さ）は一メートルである」。それは決して誤りではないし、そう述べてもかまわないが、しかし情報量ゼロの同語反復でしかない。その否定命題が常に偽になるからである。しかもこの場合、メートル原器を個個の机と並べて同じように一メートルだとする述語の根拠として、さらにメートル原器とは別の尺度を改めて持ち出す必要はあるまい。範型イデアとは、まさにこうした原器のような存在として考えたらどうか、というのが彼の提案である。つまり、イデアとは普遍性と個体性とを同時に兼ね備え、他の個々の性質の述語根拠となりつつ、自らにも同じ述語を許容する別個の離存する個体として、原器のような存在と考えるのである。

たしかに、このように考えれば、メートル原器について述語される「一メートル」が、この机について述語される「一メートル」とは同義ではないように、美のイデアについて、それが「美しい」と言われるときの述語は、「この花が美しい」という述語と厳密には同じではない。それならば自己述語をめぐる範型イデアの論理的困難も、一種の同語異義として解消できるかもしれない。だが改めて考えてみよう。「一メートル」とはフランス革命時（一七九七年）、地方ごとに雑多な尺度を全廃して近代国家の（あるいは世界の）統一基準を作るために「地球の子午線の四〇〇〇万分の一」として定められた抽象度の高い尺度なのである。人為的な契約によって成立した概念である以上、それは容易に原器をつくることができるし、改訂も可能であり、実際一メートルの定義は　二度にわたって（一八七五、一九六〇年）変更されてきた歴史をもっている。

では「美しい」「大きい」といった言葉は、果たして契約に基づいて人為的に成立した概念だろうか。そうではあるまい。とすれば、このような原器による説明も、イデアの存在性格を正確に説明したことになるかはいささか怪しい。仮にその原型を刻印された場面を認めるとすれば、それは『パイドロス』の神話が描くように何やら怪しげな背後世界「生前の天上において」というほかはない。

久遠の哲学か、倒錯した形而上学か

プラトン哲学の核心にあるイデア論とは、理想主義の源泉として「久遠の哲学」と賞賛される一方、西洋哲学史を支配した「倒錯した形而上学」の頭目として、ニーチェ以降R・ローティーに至るまで、批判にさらされることも多い。しかしいずれにせよ、感覚と思考、知識と信念、原型と似像、個別と普遍、そして言語の意味に関わるさまざまな問題群の交わる地点で生まれたこの不滅の教説は、決して単なる平板な世界観でも論理パズルでもなく、しだいにわれわれの現実感覚を裏返しにしてこの世界を超越し、全く新たな相貌のもとに現実を眺める特異な視点を与えてくれる。しかもその語り口は、すでに見たように、ごくありふれた日常的な例に端を発した精密無比な論理の展開とともに、華麗な神話と卓抜な比喩を織り合わせた対話劇の中で繰り出される、いわば言語と思考の限界を示唆する究極の逆説でもあった。それは相変わらず現代哲学のさまざまな局面に波紋を投げかけているのである。

参考文献

●プラトン『パイドロス』藤沢令夫訳（岩波文庫、一九六七年）
●田中美知太郎『プラトン「饗宴」への招待』（筑摩書房、一九七一年）
●フィチーノ『恋の形而上学』左近司祥子訳（国文社、一九八五年）
●ロス『プラトンのイデア論』田島孝、新海邦治訳（哲書房、一九九六年）
●ヴラストス「『パルメニデス』における第三人間論」渡辺邦夫訳（井上忠、山本巍編訳『ギリシア哲学の最前線Ⅰ』東京大学出版会、一九八六年）
●斎藤忍随「第二次大戦後のプラトン研究──新バーネット・テイラー説」（『幾度もソクラテスの名をⅠ』みすず書房、一九八六年）
●佐々木毅『プラトンの呪縛』（講談社学術文庫、二〇〇〇年）
●大貫隆他編『グノーシス──陰の精神史』（岩波書店、二〇〇一年）
●フィッシャー、アームストロング他『プラトン主義の多面体』（平凡社、一九八七年）
●上智大学中世思想研究所編訳『キリスト教的プラトン主義』（創文社、一九八五年）
●上智大学中世思想研究所編訳『中世思想原典集成』全二〇巻（平凡社、一九九一－二〇〇二年）
●関村誠『像とミーメーシス──プラトンからの美学』（勁草書房、一九九七年）
●アイリス・マードック『善の至高性──プラトニズムの視点から』菅豊彦、小林信行訳（九州大学出版会、一九九二年）

第3部

アリストテレス

Aristotelēs

第8章 万学の祖とその時代～アリストテレス哲学の体系

前六世紀以来の古代ギリシア哲学の歩みは、アリストテレスによって古典的完成の域にもたらされることになった。前著『哲学の原風景』でも、また本書でも冒頭以来すでにアリストテレスの名前がしばしば登場し、また著作も多数引用されたことからも明らかなように、ソクラテス以前の初期哲学者はむろん、ソクラテスやプラトンの評価や解釈を問題にする際にも、アリストテレスの著作はその資料として、あるいは註釈として、抜きがたい影響力を持っている。古代ギリシア哲学全体がアリストテレスの巨大な影に覆われているのである。

マケドニアからアテナイへ

アリストテレスは、ギリシアの北方マケドニア地方のカルキディケ半島にあるスタゲイロスという町に生まれた（前三八四年）。ソクラテスの死後すでに一五年ほど経っている。早世した父ニコマコスはマケドニアの宮廷に仕える医者であり、こうした家庭環境が後になって生物学、特に動物学への強い関心を養う下地になったかとも思われる。一七歳でアテナイに上京し、プラトンの開いた学園アカデメイアに入学（前三六七年）。当時プラトンは六〇歳。おそらくは長編『国家』を書き上げた後、弟子たちとともに、前章でもふれたイデア論をめぐる論理的問題に取り組んでいた時期にあたる。アカデメイアでは約二〇年間を過ごす。最初は学生として、やがては上級の研究員あるいは助手として後進の指導にあたるようになっていった。

アレクサンドロス大王

　生涯独身だったプラトンが八〇歳で亡くなると（前三四七年、アリストテレス三七歳）、学園ではプラトンの甥スペウシッポス（前四〇七―三三九）が後継者となり、第二代学頭に就任した。このときアリストテレスは、後の第三代学頭になる友人クセノクラテス（前三九六―三一四）とともに学園を去って小アジアのアッソスに移住する。この地で結婚し、父と同名のニコマコスという男子が生まれる。やがて、同門の友人であり弟子でもあったテオフラストス（前三七〇―二八八）の故郷レスボス島に移住し、その地で集中的に生物学の研究に取り組んだ。

　やがて故郷マケドニアのフィリッポス王に招かれて、当時一三歳の皇太子（後のアレクサンドロス大王）の家庭教師に就任（前三四二年、四二歳）、約三年間にわたり教授する。カイロネイアの戦いに勝利したマケドニアは全ギリシアの覇権を確立したが（前三三八年）、フイリッポス王が暗殺されると、アレクサンドロスが弱冠二〇歳で即位する（前三三六年）。このアレクサンドロス大王こそはやがて全ギリシアを支配し、インダス河にいたるオリエント世界全体を含む世界帝国を建設し、ギリシアの文物が世界を席巻する新しいヘレニズム時代の幕を開けることになるのである。

学園リュケイオンの創設

ほどなくアテナイに戻り、マケドニア宮廷の支援のもとで、町の東郊外リュケイオンの地に学園を創設した（前三三五年、四九歳）。これはアカデメイアにならって、大規模な図書館に研究資料を蒐集し、優秀な学者たちが集い、多方面の学問研究を推進する、アテナイの有力な学校・研究機関となった。今日フランスでリセと呼ばれる高等学校の名称は学園リュケイオンに由来する。近年、発掘によってリュケイオンの遺跡の一部が発見され、一七〇〇年前の共和国独立以来最大の考古学的発見として話題を呼んだ（英国「ガーディアン」紙一九九七年一月一五日付）。

リュケイオンでは、午前中は教室から出て学園の中庭を散歩しながら弟子たちと専門的な問題について検討し、午後は比較的一般向きの講義を行った。彼らは、歩きながら議論をしたところからペリパトス派（逍遥学派）と呼ばれるようになったという。アリストテレス自身は舌がもつれて、あまり話がうまくなかった。そのためもあってか、彼は綿密な講義草稿を準備し、これが今日アリストテレスの「著作」として伝えられる内容の相当部分を占めることになる。

さて東方遠征中のアレクサンドロス大王急死の知らせが届くと、アテナイの町では一斉に激しい反マケドニア暴動が蜂起した（前三二三年、六一歳）。アリストテレスは、マケドニア政府との親しい関係のゆえに自分の身にも危険が及びそうだと察知すると、（ソクラテス裁判に続いて）「アテナイに再び哲学を冒瀆させないために」という言葉を残して、学園を弟子のテオフラストスに委ね、自らはエウボイア島カルキスに亡命する。そして翌年、亡命先で六二歳の生涯を終えた。リュケイオンは、後事を託されたテオフラストスが後継の学頭となった。

Jubilant Greeks reveal greatest find of modern times

Helena Smith in Athens

THE Lyceum where Aristotle taught philosophy to the citizens of Athens has been discovered in one of the most sensational archaeological finds since the creation of the modern Greek state 170 years ago.

The discovery of the West's first university ends the quest to locate all three of the famous gymnasia in which the mind as well as the body was exalted by the fathers of democracy.

Greek archaeologists came across the complex's 4th century BC foundations during routine excavation work for Athens' new Museum of Mod-

「ガーディアン」紙記事

こうしてアリストテレスの生涯は、マケドニアで過ごした幼少期を除けば、一七歳から三七歳まで、約二〇年に及ぶアカデメイアにおける修業時代、その後一二年間にわたってギリシアの各地を遍歴した時代、そして五〇歳以降約一二年に及ぶアテナイのリュケイオンで学頭として教育・研究生活をしていた時期、に大きく三分される。

難解な著作

アリストテレスの名前だけは誰もが耳にしたことがあろうが、著作を読んだ者は必ずしも多くないと思われる。また実際に訳書を手に取ってページをめくってみても、何が書いてあるのか一読しただけではさっぱりわからないというのが本音であろう。プラトンの著作（特に中期対話篇）が文庫や文学全集の中にも収録されて、哲学者のみならず文学者や広く一般の読者にも愛読されているのとは対照的である。

こうした事情はなにも日本に限らない。欧米でもアリストテレスの難解さを伝えるこんな逸話が伝えられている。英国のオックスフォード大学は、一三世紀以降今日に至るまでアリストテレス研究の拠点として知られている。さて一九世紀も半ばのこと、ある学生が学寮の中庭の芝生に寝ころんでアリストテレスの本を読んでいた。すると、茂みの中から突然一匹の野猪（イノシシ）が猛然と飛び出してきた。驚いた学生は、そのとき読んでいた本をとっさに野猪に向かって「ギリシア語だぞ」と言って突きつけた。すると野猪は仰天してのどを詰まらせて頓死してしまった。それほどアリストテレスの本は難解だ、というわけである（出隆「英国の曲線」『出隆著作集第五巻、哲学史余話』勁草書房、一九六三年）。

もっとも、これには特別な事情がある。今日、アリストテレスの著作集として伝わっているものは、前にもふれたように、主として学園リュケイオンにおける講義草稿であった。それは決して一般の読者向けに公刊し、書斎で読まれることを当初から意図して書かれた

「著作」ではない。アリストテレスも、アカデメイアに在籍していた若い頃、プラトンに倣って対話形式の作品を書いたらしい。それは共和政ローマの時代には広く流布しており、キケロは「黄金のごとき言葉の流れ」といって、アリストテレスの優雅な文体を賞賛しているが（『アカデミカ』第二巻第三八章一一九節）、いつしか散逸してしまい、今日ではごくわずかの断片のかたちでしか残っていない（『アリストテレス全集17・断片集』）。

草稿の由来

それに対して講義草稿のほうは、彼の死後、ヘレニズム時代を通じてあまり言及されることがなかったのだが、伝説によれば、テオフラストスから弟子のネレウスに譲られた後、学派の中で死蔵されたままいくつかの奇妙な経路を経て人手に渡り、ようやく紀元前一世紀になってローマの将軍スラ（前一三八―七八）がアテナイを占領した際に戦利品としてローマに運ばれ、文法学者テュランニオンの手を経て、最終的にリュケイオン最後の学頭ロードスのアンドロニコス（前七〇―五〇頃活動）がアリストテレスの遺稿を主題別に整理、編集して出版した（ストラボン『地誌』、プルタルコス『対比列伝』二六）。これが今日にいたるまで伝えられているアリストテレス著作全集（Corpus Aristotelicum）のもとになったのである。

したがって、ヘレニズム時代を通じて知られていたアリストテレスと、今日われわれが知るアリストテレスとは、その著作に関する限り、全くすれ違いの関係になっている。ベッカーを編集者にプロイセン王立アカデミーが公刊した全集（ベルリン、一八三一年初版、索引や古註を含め全五巻）が近代的な校訂を経たもので、今日では著作が引用される際の基準となるが、その後一九世紀末にエジプトの砂漠から出土したパピルスの中からも、未知の著作が発見されたりした（『アテナイ人の国制』）。

毀誉褒貶の歴史

彼の学統（ペリパトス派）は学説の蒐集や個別経験科学をも重視して、アテナイのほかにもアレクサンドリア、ペルガモンといった新興のヘレニズム諸都市に拡大した。紀元後三世紀以降、ピロポノス（四九〇—五七〇）、シンプリキオス（四九〇—五六〇）ら新プラトン主義の学者たちによって、プラトン哲学との綜合を図るべく多数の綿密な註釈書が書かれ、古代哲学研究の第一級の史料となっている。

西欧中世にはボエティウス（四八〇—五二五）による論理学書のラテン語訳が伝わるのみであったが、東方ではシリアを経てアラビアに入り、イスラム文化圏でアヴィケンナ（九八〇—一〇三七）、アヴェロエス（一一二六—九八）などによる高度な研究とすぐれた註釈が生まれ、さらに一二世紀になると『自然学』『天空論』『霊魂論』など自然学著作が翻訳紹介されるに及んで、従来の学問研究の座標軸を革新し（「十二世紀ルネサンス」）、「スコラ学」の壮麗な体系的哲学の成立に大きな影響を与える一方で、世界の永遠性、死後の霊魂の残存などの問題をめぐって、伝統的なキリスト教の教義理解との間に緊張が高まった（一二七〇年、パリ司教タンピエによる断罪）。同時期にはマイモニデス（一一三五―一二〇四）らによってユダヤ教思想との調和も図られた。

これに対してパリのドミニコ会学派（大アルベルトス　一二〇〇頃―八〇、トマス・アクィナス　一二二五頃―七四）では、アリストテレスの術語や方法を積極的に受容することで、理性と信仰の調和を図ろうとし、一三世紀以降には文字どおりアリストテレスは「哲学者」の代名詞となった。ダンテの『神曲』地獄編（第四歌一三二行）では、キリスト教以前の哲学者たちの中で最高位を占める者として描かれ、ラファエロの大作『アテネの学堂』（バチカン「署名の間」）では、画面中央にプラトンの右側に立ち、鬚《ひげ》をたくわえ青い上着を纏って右手を突き出し、大地を示唆している姿があまりにも有名である。

もっとも一四世紀以降、（望遠鏡など）器械的な観察手段の拡大や、実験的な手法（落下や衝突の実験）にもとづく経験科学の進展により、新たな解釈が生まれ、さらに一七―一九世紀の近代科学の成立期には、中世を通じて支配的であった天動説、動物精気説、自然種の永続性などが次々に批判に曝され、アリストテレス主義の天文学や力学体系、生理学は、思弁的な誤謬に満ちた「旧科学」としてしだいに賛同者を失うことになった。

こうして、アリストテレスといえば時代遅れの学問の典型とみなされていた時期もある。

アリストテレスの著作とその学問体系

(1) 一般向き公刊：対話篇（アカデメイア時代）　キケロの記事があるが散逸して断片のみ現存
(2) 研究資料：砂漠から『アテナイ人の国制』のパピルス発見（1880年）
(3) 講義草稿：B.C.1世紀、ロドスのアンドロニコス（リュケイオン第10代・最後の学頭）編集
アリストテレス全集→Bekker版（1831）へ

- 道具・器官 organon
  - 論理学
    - 『カテゴリー論』Categoriae
    - 『命題論』De Interpretatione
    - 『分析論前書』Analytica Priora
    - 『分析論後書』Analytica Posteriora
    - 『トピカ』『ソフィスト的論駁』Topica、Sophistici Elenchi
- 理論学 theōretikē
  - 自然学 physikē（第二の哲学）
    - 『自然学』Physica
    - 『天空論』De Caelo、『気象論』[Meteorologia]
    - 『生成消滅論』De Generatione et Corruptione
    - 『霊魂論』De Anima、『自然学小論集』Parva Naturalia
    - 『動物誌』『動物部分論』『動物発生論』『動物運動論』『動物歩行論』Historia Animalium etc.
    - 『小品集』[Opuscula]、『問題集』[Problemata]
  - 数学〈mathēmatikē〉
    - 数学関係著作は現存せず
  - 神学 theologikē
    - （第一の哲学／存在を存在として探究する学）
    - 『形而上学』Metaphysica
- 実践学 praktikē
  - 行為の学 praktikē
    - 『ニコマコス倫理学』Ethica Nicomachea
    - 『エウデモス倫理学』Ethica Eudemia、『大道徳学』[Magna Moralia]
    - 『政治学』Politica、『家政学』[Oeconomica]
  - 制作の学 poiētikē
    - 『弁論術』Rhetorica
    - 『詩学・文芸創作論』Poetica

[　]は偽作

知の場面の三区分（理論学、実践学、制作学）

だが二〇世紀に入ると再び、主として英米哲学の言語分析的手法によって論理学や存在論のテクストに新しい光が当てられ、新たな生命が吹き込まれた。八〇年代以降の「共同体主義」による徳倫理学の復権などにも見られるように、彼は現在でもなお汲み尽くせぬ宝を秘めた哲学の巨匠であることは間違いない。

アリストテレスは乗り越えられたのか

たしかに、アリストテレスの自然学理論の中に見られる個々の学説は、現在の学問水準から見ると多くの誤謬を含んでいる。たとえば、今日天文学を学ぶのに、有限の宇宙論や天動説の立場に立つアリストテレスの天体理論を直接参照する必要は全くない。その意味で、彼の学説や理論は完全に過去のものであろう。とはいえ、望遠鏡も電算機もなかった時代、一貫した自然観に立脚しながら、ごく限られた観測事実にもとづいて、いかなる推論と方法によって（当時としては最も有効な説明の）理論を組み立てていったのか、また先人の学説を咀嚼し批判する手際など、その思考の筋道を追ってみるならば、今日なお学ぶべき優れた着眼や洞察に満ちている。

たとえば、肉汁を煮沸したまま放置し、しばらくすると蛆が涌いてくる。こうした経験事実からアリストテレスは素朴な自然発生説を主張した（『動物発生論』第一巻第一六章）。そしてこうした謬説は、近代細菌医学の父パスツール（一八二二―九五）の実験によって科学的に誤りが立証された、と言われたりする。

しかし実は、こうした「自然発生」とは、後述するように「特定の種から特定の種が生まれる」というアリストテレスの基本的な生物観から見れば、むしろ例外的な事例なのである。顕微鏡のない時代、肉眼では微小な卵は発見できない。そのため、やむをえずアリストテレスは自分の理論の根幹を一部修正してまでも自然発生を認めた。そのことは、ピタゴラス派の数理的天文学のように、強引な理論によってすべての現象を無理にでも説明し尽くしてしまおうとする思弁的独断ではなく（『哲学の原風景』五九頁）、あくまでも観察事実や現象に忠実であったアリストテレスの経験主義の神髄を示している。したがって、単純にパスツールによってアリストテレスが否定され乗り越えられたのではなく、むしろ逆に、パスツールの実験によってアリストテレスの発生理論は本来の姿に補訂されたと見ることもできよう。

また電算技術の飛躍的発展によって「人工生命」の開発が喧伝される昨今、二一世紀の全く新たな知的状況の中で、アリストテレスの自然理解は再びその真価を問われる場面にさしかかっているのである。

学問分類の重要性

アリストテレスの著作集を眺めてみると、その関心の多様さと奥行き、しかもその全体を通じた体系構築に驚かされる。それはまさしく「万学の祖」という言葉がふさわしい。専門分化が著しく進展した今日の学問状況では、一人の個人の手によっては到底達成すべくもない、広範囲にわたる研究がなされている。

さてアリストテレスは、人間の思考がはたらく場面を「作る」「行う」「見る」の三つに区分し、それに応じて学問を三つに分類した（『形而上学』第六巻第一章）。そして同時に、この三つの学問分類に先立つ分野として「論理学」を、およそ学問すべてに共通する「道具」（オルガノン）と位置づけた。論理学は、研究対象と方法を限定することによって成立する特定の一領域科学を形成するのではなく、そうした学問体系全般にとってのいわば予備学にあたるのである。

アリストテレスの学問分類にとって特に重要なことは、「理論の学」と、人間の行為に関わる「実践の学」とを区別した点にあろう。理論学は、対象の性格に応じてさらに自然学、数学、神学に三分されるが、このうち数学についての著作はほとんど伝わっていない。

他方、実践の学には倫理学と政治学が相当するが、およそこうした人間の「行為」や社会現象を扱う学問は経験的な色彩が濃厚で、厳密な演繹や法則を期待することができない。多くの例外や特殊なケースを含んでいるために、理論学と同じ厳密性を求めるのは筋違いであり「たいていの場合あてはまる」といった大雑把な把握や蓋然的な認識が得られれば十分としなければならない（『ニコマコス倫理学』第一巻第三章、第七章）。同じ「直角」でも、幾何学者が作図するのと、職人が家具を作るのとでは、そこに求められる厳密さの度合いはおのずから異なってこよう。むしろ、人間に関わる学問に過度な厳密性を求めるのは、常識や教養に欠けているからである。

プラトンの『国家』が、一つの著作の中に、正義（徳）論から始まって、国制論、教育学、文芸批判、心理学、認識論、形而上学、数学など実に多様な問題を抱えていたのと比較してみれば、対象の特質に応じた認識の厳密さの違いから構想した学問分類が、すぐれて自覚的な所産であったことは容易に想像がつく。

学問の体系

こうしたアリストテレスの学問観は、その後ヘレニズム時代に入ると、微妙な変型を蒙《こうむ》りながらもストア派やエピクロス派にも継承された。ストア哲学の場合、論理学、自然学、倫理学という三つの部門に分かれて全体として体系をなす（ディオゲネス・ラエルティオス『ギリシア哲学者列伝』第七巻第一章三九―四一節）。その後も、中世のスコラ哲学であれ、近代哲学の父デカルトの「哲学の樹」（『哲学原理』仏訳者への書簡）であれ、一九世紀の新カント派であれ、さまざまな哲学体系の可能性が構想されてきた。それはもう少し卑近な場面では、文科系・理科系の区別が半ば自明視されている今日のわれわれ自身の知識観にも影を落としているのだが、そもそも対象の性格に応じて別個の方法が要請され、期待すべき厳密さの度合いも異なることを意識したのは、アリストテレスに遡る。現在の学問といえども、その大筋はなおアリストテレスの敷いた軌道の上を動いているのである。

現存するアリストテレスの著作は、元来が講義のための草稿や個人的な覚書であった。もっともその中には、ほぼ完全原稿に近い、緻密で高い完成度を誇る著作もあれば、なお素描の域を出ない余白の多い試論まで、さまざまである。重要な主題にもかかわらず、途中で切れたまま後半部が欠損した『詩学』や、後代のペリパトス派の学者によって書かれた明白な偽書（『気象論』『問題集』『大道徳学』『家政学』）、本文に対する加筆や挿入の痕跡（『形而上学』）など、テクストの性格はいずれもそれぞれ単純ではない。

デカルトの「哲学の樹」

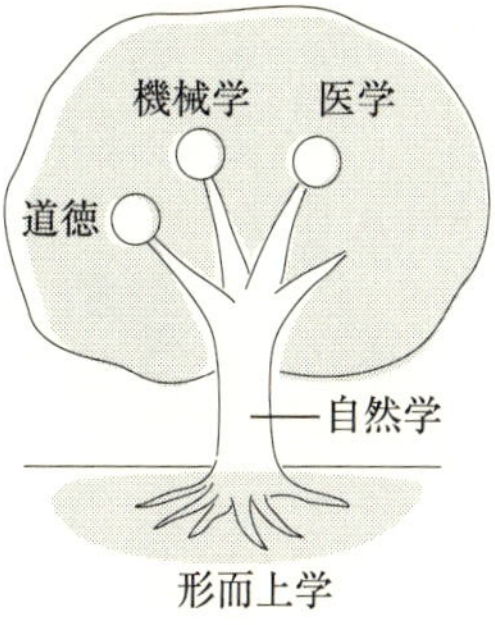

散文の哲学

とはいえ、アリストテレスの著作が哲学的な思索を盛るための著作形式として今日のわれわれに最も親しい、つまり著者が一人称で不特定多数の読者を想定して語る「論文」に最も近似した文章類型であることには間違いない。よく考えてみると、こうした論文に近い体裁の著作は、古代ギリシアの哲学史上、一部の自然学者の断片を除けば、アリストテレスによってはじめて本格的な形をとったと言ってもよい。タレスやソクラテスのような知恵の化身は、そもそも書物を残さなかったし、ピタゴラス派の奥義はピロラオス（前四七〇―三八五）にいたるまで教団内部の秘密であり、一般に公開すべき「研究業績」からは遥かに遠い。クセノパネス、パルメニデス、エンペドクレスらは、雄渾壮大な叙事詩の伝統に独自の思想を盛り込んだ。孤高のヘラクレイトスは箴言風の難解な語録によって、開示しつつ隠蔽しているかの両義的な姿を見せる。プラトンは対話篇という特異な戯曲形式を開発し、舞台の袖に隠れたまま簡単には本音を明かさない。こうした哲学著作の場合、それぞれの文学様式が抱える形式的な特徴を、解釈上の条件や制約として絶えず考慮せねばならない。だからアリストテレスにいたって、ようやくわれわれは、そのまま今日にも通ずる散文的な叙述の哲学に接することになるのである。

方法の自覚

アリストテレス哲学の特徴はいろいろ挙げられようが、とりわけ、その徹底した方法への意識が重要である。何が問題なのか、主題の輪郭を明確に提示し、われわれが現に目にしている観察事実（パイノメナ）や、広く一般の人々が抱いている通念や常識（エンドクサ）を丁寧に拾い上げ、それを拠点にして日常の言語使用を精密に洗い上げていく。ときには同じ主題について先行する学説を参照し、その学説のどこにどのような問題点があるかを枚挙し批判していく。しかも分析を進めながら、絶えず、論述の順序や考察の限界に留意する。場合によっては、理論構築のために必要な哲学的概念を編み出すべく、独自の造語も厭わない。こういった洗練された方法と言葉への細心の配慮が、アリストテレスの著作に見られる第一の特徴である。

日常言語を周到に彫琢し、一般的で簡潔な命題で主張の核心を射抜くと同時に、他方で自らの思考の筋をわかりやすく表現するための適切な実例を、挿絵のようなかたちで提示することも怠らない。こうした叙述は、個々の著作によってはなお未完成の余白を残しているとはいえ、およそ学問的な探究が踏まえるべき手続きを見事に示している。もっとも、アリストテレスの著作集は、たしかに論理学から文芸批評、芸術論にいたるまで、極めて精密な体系を示しているように見えるものの、後代のペリパトス学派に由来する偽作も数点混ざっているし、欠損部分が多い未完の著作もある。したがって、体系的思考の意義を強調するあまり、現存著作の中に、完成された万古不易の学の体系といった理念を無邪気に期待するには、なお慎重でなければなるまい。

発展史的研究

そこで今世紀の初頭以来、アリストテレスの著作全体を一枚岩の完結した静止的体系の表現として考えるスコラ学的発想から脱却して、むしろ、若きアカデメイアの修業時代から晩年の学頭時代の円熟した境地にいたるまで、いわば材木に刻まれた年輪のような、思想学説の連続的な変化を想定する発展史的研究も開拓されてきた。こうした動向（W・イェーガー、F・ソルムセンら）は、歴史的な観点を導入することでアリストテレスの思想の成長の跡を辿り、著作中に散見される論述の不整合や矛盾を調停して、緩やかな統一をもったアリストテレス像を描き出そうとする。

そして分析哲学の影響の下に主導された一九五〇年代以降は、さまざまな学問探究で使用される言語機能の水準の違いを勘案することで、新たな哲学者像を描き出す試みも登場してきたのである（G・ライル、G・オーエン、E・アンスコム、井上忠）。

参考文献

●ロイド『アリストテレスその思想の成長と構造』川田殖訳（みすず書房、一九七三年）
●アクリル『哲学者アリストテレス』藤沢令夫、山口義久訳（紀伊國屋書店、一九八五年）
●アラン『アリストテレスの哲学』山本光雄訳（以文社、一九七九年）
●出隆『アリストテレス哲学入門』（岩波書店、一九七二年）
●山口義久『アリストテレス入門』（ちくま新書、二〇〇一年）
●アリストテレス『天について』池田康男訳（京都大学学術出版会、一九九七年）

●アリストテレス『動物発生論』島崎三郎訳（『アリストテレス全集9』岩波書店、一九六九年）
●パストゥール『自然発生説の検討』山口清三郎訳（岩波文庫、一九七〇年）
●ガリレイ『新科学対話』今野武雄、日田節次訳（岩波文庫、上下、一九三七／四八年）

第9章　自然と知識～存在の究明

本書の性格上、膨大なアリストテレスの著作のすべてにわたって遺漏なく論じることはできない。そこで、論理学、自然学、形而上学、倫理学、政治学の中からいくつかの重要な問題を取り上げて、アリストテレス哲学の特質を浮かび上がらせてみることにしよう。

第一の哲学

アリストテレス著作集の中ほどに『形而上学』と呼ばれる大きな書物（全一四巻）が入っている。この西洋哲学史上屈指の古典的書物は、彼自身が「第一の哲学」と称する問題を扱った論考の集成であり、他の著作に比べると各巻のつながりは緩く、いずれも難解を極める内容で知られている。感覚の対象となり、運動変化の相の中にある「自然」を対象とする諸問題の論究については、これを「第二の哲学」と呼んで区別している。つまりアリストテレスは、思考の働きの点から見れば同じ「理論学」に属するものの、自然学よりもなお根本的な、普遍的な学問として第一の哲学を構想していたのである。

さてアリストテレスは、この『形而上学』第一巻の冒頭の数章を費やして、自らの哲学の理念についてはっきりと語っている。開巻劈頭《かいかんへきとう》の有名な一文「すべての人間は、生まれつき、知ることを欲する」以下、人間と知識の関わりについて、極めて深い洞察を示している。実際、アリストテレスの著作には「すべての」という全称肯定命題で始まる文章が少なくない（『ニコマコス倫理学』『分析論後書』）。代表的な作品の冒頭はいずれも、その著作全体の主題を射抜くような、簡潔で含蓄に富んだ一文で始まっている。

自然の中での人間の位置

すべての人間が「知」を求める。その端的な証拠は、何よりも感覚・知覚への愛好に見られる。たとえ何も行動しないときでも、人間は感覚を働かせること自体を愛好するのである。事実、目覚めている限り、われわれは決して闇の中にいることを好まない。それは不安であり居心地が悪いのである。

ところで、動物はすべて感覚（厳密には五感のうち触覚）を備えたものとして生まれついている。それに対して植物は、新陳代謝・物質交代を通して自己自身を維持していく「栄養」機能と、自分と同じ種を再生産する「生殖」機能の二つの働きを本質とする。ともあれ、動物はすべて感覚を持っているが、種によっては、さらにその感覚から記憶が生まれてくる。そして人間の場合には、記憶をもとにして経験を獲得する。だがさらに、技術や知識をも駆使して生活環境を変化させながら生きていくのが人間である。

経験（熟練）と技術とを比べてみると、たしかに個別の行為の場面では、経験は大いに

自然の階層構造

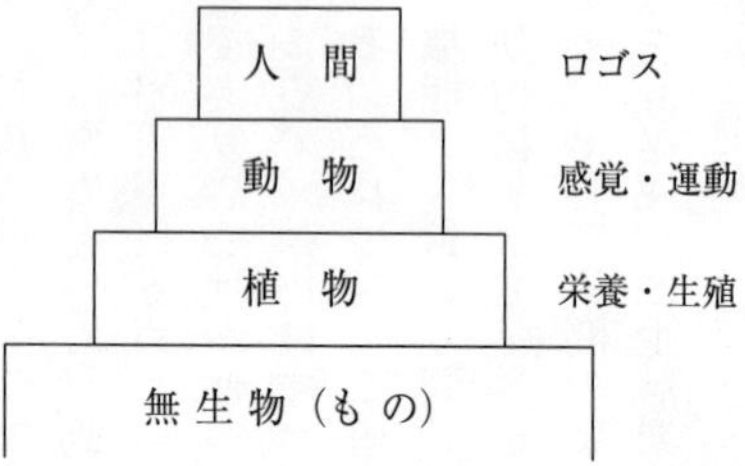

役に立つ。いやむしろ、いくら理論的なこと（ロゴス）は心得ていても、経験を欠いている場合には、しばしば、実際に何かをやってもうまくいかないことが多い。運動競技、自動車の運転、電算機の操作、楽器の演奏、外国語の習得など、総じてわれわれが何か技能を身に着けようとすれば、座学と実習とはいわば車の両輪であろう。だがそれだからといって、経験と技術とは同じような知識であると考えることはできない。技術は経験から発生するのであって、個々の成功・失敗の累積である経験知とは異なる。多くの経験をもとに、そこからある一つの普遍的な認識が摑まれてくるとき、初めて技術が生まれてくる余地がある。

経験知と技術知

たしかに、人が一般的な説明しか心得ておらず、経験を欠くとすれば、実際の場面ではうまくいかない。なぜなら、われわれの行為はすべて「いま」「ここ」における個別に関わるのに対し、技術は普遍に関わるからである。しかしそれにもかかわらず、経験が豊富な人よりも、技術知を心得ている者のほうを、われわれは、より一層「知恵ある者」と考える。というのも、技術は、事柄がなぜそうなるのか、その「わけ」を知っているのに対し、経験はその「わけ」を教えないからである。そして、なぜそうなのか「わけがわかる」ことによってはじめて、他人に自らの知見を伝達することも可能になるのである。

アリストテレスにとって、すぐれた意味での知識が成立するのは、個々の人格に対して非人称的な「情報」ではなく、ものごとの成り立ちの「わけ」、つまり根拠・原因を、言葉によって把握している場面にほかならない。知覚は、たしかに事実がそうあることを伝える。たとえば、手をのばしたら何かにふれて、思わず「熱い」と手を引っ込める、という場合を考えてみよう。この「熱い」という事実は、感覚（触覚）がそう告げているのであり、そしてその報告には誤りがない。しかし、感覚・知覚はおよそ「熱い」という事実を伝えるのみであって、一体何が熱いのか、あるいはなぜそのように熱いのかという理由や原因については何も語らない。アリストテレスは、このようにして、学問・知識・技術が成り立つ場面を、通常われわれが考えているよりはずっと狭い、しかしもっと明確な場で考えようとしているのである。こうした知識観には、いくつかの重要な問題点があるので、逐次検討を加えていこう。

アリストテレスの知識観

第一に、こうした学問や技術は「個別」ではなく「普遍」（カトルー）に関して成立している。たとえば、ある薬の処方が、カリアスが病気になった場合にはうまくいった、ソクラテスの場合にもうまくいった、という個別の事例について成否の記憶を集積するだけでは、いまだ単なる「経験」の域を出ない。それに対して、多数の事例にもとづく帰納的推論を通じて、およそ「このような体質の人」にはすべて「このような処方」が効く、という普遍的な法則が摑まれるところで、初めて学問や技術が成立するのである。

それは裏返して言えば「個別について学問認識は成立しない」ことを意味する。学問や技術はすべて「普遍」に関わっている。しかしわれわれが出会う毎日の出来事や行為は、ことごとく一回限りの個別性を刻印されている。だから本当に知りたいのは、必ずしも法則や一般論ではなく、明日の天気、今週の株価、手術の予後、受験する学校の合否、家族の将来など、総じて未来の出来事、しかもこの私に関わる身近で個別な事柄なのである。しかし、これら個別の出来事に関して、厳密な論証的学問は成立しない、とアリストテレスは考えている。

そこで、個別の事象についてもなんらかの普遍を把握し、学問にするために、統計や確率の手法が導入される。偏差値や天気予報は、すべてこうした確率や統計の理念に基づく知識なのである。たとえば現在、日本国内では毎年一万人弱が交通事故で死亡している。事故の要因が極端に変化しない限り、この数字は翌年についてもほぼ予測できるから、それに応じて保険会社が利潤を計算して合理的に保険金額を設定できるのである。だがほかならぬ「私」や「あなた」がこの一年間に交通事故に遭うかどうか、それは実際には全く予測がつかない。「明日雨が降る確率が七〇％」といっても、それは降るか、降らないか、二つに一つなのであって、七〇％の地域に雨が降るということではない。

しかし、こうした「私自身の、未来の、個別的な出来事」について、どうしても知りたいと切実に願う場合は少なくない。そこでこうした認識の間隙に登場してくるのが卜占術である。占いは、したがって「私自身の、未来の、個別的な出来事」を予測しようとするのだが、占い師が（コンピュータ運勢など）いかなる道具立てを凝らしてみても、胡散《うさん》臭さがつきまとう。それは、一回限りの個別的な出来事について論証科学は無力である、ということをわれわれの直観が告げるからであり、そのことを明確に表現したのが、アリストテレスが展開した学問観なのである。だから「いつ、どこで、どのような揺れが起きるか」個別的状況をすべて特定した大地震の予知などは、実は占いと同じで、原理的に不可能である。科学的知識の限界をわきまえない過剰な期待は、予算獲得の方便でないとすれば、もはや迷信と言うしかない。

第二に、言葉にできないものは知っているとはいえない、という見方である。たしかに技術や学問はすべて、論証と説明の体系を有している。他方、自転車の乗り方から、硬いビンの蓋を開けるといったごく些細な動作にいたるまで、すべて身近なものごとには「コツがある」ことも事実であろう。「コツ」とは、課題を適切に処理するために経験を通して身につけた身体知であるが、どうやればよいのか他人に尋ねられても、うまく説明できない。それは本人が実際に身体を動かしてやってみることで体得するしかないのである（マイケル・ポラニー『暗黙知の次元』）。こうした「身についた技能」を、アリストテレスは厳密な意味で知識とは認めていないが、他人の顔の判別、ネクタイの結び方、母国語の文法など「わかってはいるが、説明できない知識」は意外に広範な場面で、しかも重要な役割を果たしている。むしろ、道具が意識されないがゆえに十分な機能を発揮するように、いちいちの操作の過程が意識に上らなくなってはじめて、技能は真に身についたといえるのである（「習うより慣れろ」「習ったら忘れよ」）。

何のための知識か？

ところで、経験とは区別される技術や学問も、その目的のあり方に応じて二種に分類される。一つは生活に必要な技術（実学）、もう一つは（芸能に近い）娯楽の技術である。そしてこうしたさまざまの技術・芸能が開発されていき、しだいに人間の生活が豊かなものになると、次にはそのいずれでもない第三の知識が生まれてきたという。ここでアリストテレスは数学の例を挙げるが、算術にせよ幾何にせよ、元来は生活を便利にする実用目的の技術でありながら、やがて観照《テオリア》的な態度のもとで、実利を離れて事柄そのものの成り立ちを考察しようとする自己目的的性格を帯びた抽象的な学問へと離陸していった典型なのである（『哲学の原風景』二七頁）。ただし、こうした学問が生まれるためには、どうしてもそこに「生活の余裕（スコレー）」がなければならない。適当な湿度・温度の条件さえ揃えば植物の種子が自然に発芽し生長していくように、生活の必要から切り離された自由な時間が確保されれば「自分と、自分を取り巻く世界の不思議を解き明かしたい」という、人間の中に本来備わっている、いわば自己目的的な知恵の傾向が必ず発現して、抽象的な学問を生んでいくだろう。アリストテレスにとって、哲学とは何よりも、人間の自然本性にもとづく知的欲求の全面的な開花を意味していたのである。

ここで「生活の余裕」という概念について考えてみよう。schole とは西欧中世の「スコラ（学校）哲学」、や近代語のスクール（英語 school）、エコール（仏語 école）、シューレ（独語 Schule）、つまり「学校」の語源にあたる。「暇」と訳されることも多いが、本来はもっと積極的な含意をもつ。つまり日常生活の中で（何をしてもよいが、実際には何をするでもない）残余の時間《ひま》ではなく、誰のためでもなく自分自身のために用い、自らの目標を実現していくために必須の時間なのである。スコレーを持つことが自由人の証であるといってもよい。

古代ギリシア世界はいくら高度な民主政治が開花したとはいえ、その恩恵は成人男子市民に限られており、また経済的基盤を奴隷労働に依存していたことはよく知られている。ただし奴隷といっても、一九世紀の米国南部の黒人労働者のように、ひたすら虐待され悲惨な境遇にあったと見るのは早計である。奴隷は主人にとって「財産」だから、大切に扱われたし、子供の家庭教師や財産管理の出納役など、かなり高度な知的作業を営む者も含まれていた。むしろその意味では、二〇世紀の全体主義国家が産み落とした強制収容所のほうこそ、はるかに野蛮であろう。とはいえ、奴隷は何といってもスコレーを持たない。それなりの生活が保証されていたとしても、疲労回復の「休息」以外には自分自身のための時間を持たない存在であり、これこそが奴隷の本質なのである。ある仕事をする際、それも特に単純な労働であればあるほど、仕事の内容にそれほど大きな差が出てくるわけではない。欠員が出れば、ただちに求人され代役が補填されよう。だが休日に、何をしてもよい自由な時間が存分に与えられたとき、人はいったい何をするだろうか。そこではじめて、その人の真の姿があらわれ、個性が際立ってくる。休日の午後、スポーツを楽しむか、パチンコに耽るか、読書して過ごすか、勉強に励むか、奉仕活動に出かけるか、誰にも咎められない自由な時間をいかに過ごすかという選択において、その人の正体が隈なく暴露されるのである。したがって、自由な時間を持て余してしまい、ただ浪費するためだけに過ごす人間は、スコレーを持ってはいけないし、かえって不幸になる（「小人閑居して不善を為す」）。それは身の程以上の大金を手にしたあげく、かえって身を持ち崩してしまうのと変わらない。

「哲学は驚きに始まる」

以上概観したように、アリストテレスは『形而上学』冒頭を通じて、人間も動物と同じく感覚・知覚を共有するところから出発し、自分を取り巻く世界の諸事象がいかに成り立っているのか、その根拠・原因を尋ねずにはいられない存在であること、そしてその意味で、自然科学を含む広義の哲学とは、決して何か特殊な専門知に限定されるのではなく、人間の自然本性に埋めこまれた知への欲求が全面的に開花したものにほかならない、といった人間観＝知識観を抱いていたのである。

さてこれに続く第二章で、彼は「哲学は驚きに始まる」という有名な言葉を述べている。知恵を愛し求める営為は、昔もいまも、まずは手近な場面での不思議な現象を前にして驚き、訝《いぶか》るところから出発する。奇妙な動きをする操り人形、月の満ち欠けや蝕、霹靂《へきれき》や雷鳴といった天体や気象の現象について、素朴な驚異の念に撃たれるとき、人は自分の中にある無知を自覚し、事象の原因を尋ねようとする。幼児にとって世界は絶えず驚きに満ちたものなのだが、大人になるにつれて、こうした素朴な感受性は「常識」の名のもとに抑圧され、徐々に摩滅していくのである。

したがって、怪異な自然現象の背後にそれを操る人格的な神々の存在を立て、知性と意志を備えた神々の振る舞いの所産として不思議な現象を説明しようとする科学以前の試み（神話）も、ある意味では、こうした原因探究の線上に位置づけられる。こうした一連の知的探究は、モノをつくる実用的な知識とは違う、いわば純粋に自己目的的な知的欲求を動因として生まれてくるのだとアリストテレスは考えている。

四原因論

それでは、「物知り」や「オタク」のごとき単なる情報の集積とは異なる、本来の原因探究が目指すべき究極の根拠とは何であろうか。アリストテレスは、それらが結局四つの類型に収束するとしている。

第一は「質料因」と呼ばれるもので、ある事物の内に含まれ、同時にその事物がそこから生まれてくる元の物質であり、そのものが「何からでき上がっているか」の回答に相当する素材である。たとえば、銅像にとっての青銅、机にとっての材木といった素材を、アリストテレスは半ば術語として「質料（ヒュレー）」と呼んでいる。

第二は「形相《けいそう》因」で、同時にまた「本質」とも言われる。そのものが端的に「いったい何であるか」と問われて「白い」とも「ガラスだ」とも答えず、むしろ「机である」「コップだ」という場合の「机」や「コップ」に当たる。ちなみに「形相」という訳語は、顔つきを意味する「ギョウソウ」ではなく、ここでは哲学術語として使われており、元来プラトンの「イデア」と同系統の語（「エイドス」、ラテン語の「見る」video と同根）で、目で見られた形・姿が原義である。

第三は「始動因」もしくは「起動因」あるいは「運動因」とも呼ばれるもので、「そのものが何によって生み出されてきたのか」、運動変化の出発点や根拠を問うものである。目の前にある机のような人工品であれば、太古の昔から存在し続けてきたわけではなく、いずれかの時点で生成したものであり、それを生み出した先行する原因がなければならない。机やコップであれば、大工や職人が、その始動因にあたる。

最後に「目的因」つまり、ある事物が「何を目指して生み出されてきたのか」、生成や製作が目指すべき目的に相当するものである。机のような道具の例であれば、その用途（その上で読み書きを行うための家具）がそれにあたる。

以上の四者が「四原因論」と呼ばれ、その後の哲学的概念形成に決定的な影響を与えた思考の枠組である。そしてこうした原因探究の過程が、そのままプラトン以前の哲学の足跡を形成しているとアリストテレスは考えた。すなわちイオニア自然学に端を発する初期の思索は、いずれも生成消滅・運動変化を通じてなお不変なるものとして持続する存在を問い求めた結果、もっぱら質料因としての「万物の原理」を探究するにいたり、水、火、空気、土といった、単純でしかも相反する感覚的性質を備えた「元素」に、それぞれ世界の根源的な構成要素を見出そうとした。やがてエンペドクレスやアナクサゴラスなどにいたり、事物の物質的な要素とは別に、変化や生成の動因となる始動因や目的因が徐々に発見されていったのである。したがって「四原因論」の正当性は、単なる独断的な思弁の所産ではなく、ほかならぬ哲学の歴史がそれを証明している。アリストテレスが先行する学説の回顧と批判を重視し、史上初の哲学史を記述した意図も、まさにこの点にある（『形而上学』第一巻）。

形の発見

さてここで「何であるか」という問いに対する回答、つまりそれなしには当の事物ではありえない「本質」と、ものの「形」とが重なっている点に注意を向けよう。事物の存在を決めているのは形である、とは古代ギリシア人が見出した極めて重要な洞察である。端的に「これは何？」と聞かれれば、誰しも「ガラスだ」「材木だ」とは答えない。木製品を探し回っているような、よほど特殊な状況でもない限り「コップだ」「机だ」と答えるのが普通であろう。

たしかに同じコップとはいえ、ガラスとは限らず、紙コップもあれば金属製も陶製もある。その意味で質料（材質）は多様でありうるのだが、こちらは常に事物をつくる材料として、いわば後から言及されるのであり、決して「何か？」という問いに答え、事物を把握する側の言葉には登場してこないのである。

それでは、コップがコップたりうるのはなぜだろうか。それは、中空に適度な凹みがあって液体を保存しておき、また必要な際には注ぐことができる、つまりコップらしい

「形」をしているからであろう。だから材質のほうは、液体の浸潤によって形態が崩壊しないという一定の制約さえ満たせば、ガラスでも紙でも何でも構わない。むしろ形態こそが事物の基本的な機能を支え、ひいては本質と結びついているのである。鋭利でなくては刃物にはならず、逆にタイヤは丸くなければ転がれず、机は表面が平坦でなくては用をなさない。「何であるか？」という本質の問いと「何のためにか？」という目的や用途の問いとは、ここで「形態」を媒介にして重なっているのである。

やや話題が一般化するが「形態」は古代ギリシアにおいて極めて重要な文化史的意味をもっている。ピタゴラス派における数は、数直線で表象される実数ではなく、「三角数」（1＋2＋3＋4＋……）「正方数」（1＋3＋5＋……）「長方数」（2＋4＋6＋……）といった「形を変えずに生成拡大する」体系であった。またアテネのアクロポリスにそびえ立つパルテノン神殿をはじめとする石造建築物や、人体彫刻に見られるように、古典時代のギリシア美術は、いずれもこの上なく明快な幾何学的造形性を特徴とする。形において存在と出会う。形の中に美が宿る。このような「形を発見した」点にこそ、ギリシア文化の特徴的な一面を見ることができよう。その点で、移ろいゆく一瞬のはかなさに「あはれ」な美しさをすくい取る、日本古来の繊細な美的感受性とはまさに対照的であろう（『哲学の原風景』一七五頁）。

パルテノン神殿

三角数
1＋2＋3＋4＋……

正方数
1＋3＋5＋7＋……

長方数
2＋4＋6＋8＋……

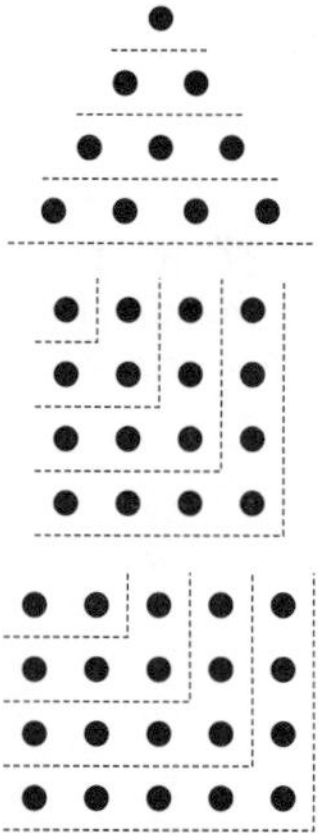

自然とは何か？

このように、事物を一般に形相と質料（言語で表現し把握される形式と、それを充塡する物質や素材）の両面から二元的に把握しようという視点は、予想以上に長い射程をもっている。アリストテレスは人工品を例に挙げて説明することが多いが、このことを自然物と対比すると、一層興味深い。

アリストテレスの代表作『自然学』第二巻第一章では、端的に「自然とは何か」が論じられる。今日、地球環境問題が深刻の度を増して、自然破壊が懸念され、自然保護が叫ばれているが、その場合に破壊されたり保護される対象となる「自然」とはそもそも何なのだろうか。いくら「豊かな自然」のままとはいえ、熱帯の密林は分譲別荘地にはなるまい。野生で剝き出しの自然は人間の手に負えない。むしろ道具によって自然を適度に改造しなければ、人間（あるいは未開人と区別される文明人）は生存しえないのである。あるいはまた、恐竜など人類誕生以前に滅亡した多くの古生物を考慮すれば、稀少生物種の保護（人為的な繁殖）とは、益虫／害虫の区分のように、人間の都合だけで決められた、恣意的で不自然な作為ではなかろうか。

たしかに「自然」という語は「人工」「人為」「作為」「不自然」と対をなしているが、自然が実在することをわざわざ証明しようとするのは意味がない。こうした区別はすでに日常言語の了解の中に深く根を下ろしており、自然と人工品の区別は、人間の世界認識の前提をなす最も基本的な枠組なのである。一方アリストテレスによれば、自然とは「原因」の一つ、つまり現象を説明するための根拠でもある。したがって「自然」とは、事実概念であると同時に方法概念でもある。

さて「自然によって存在するもの」とは、まずは動植物とその器官、土、火、水、空気といった単純物体を意味する。そしてこれらは「自分の内に運動変化と静止の出発点・原理（アルケー）を持っている」点で、人工品とは異なる。椅子や上着など人為的な「製品」は、それぞれの「素材」のもつ自然的な性質以外には、それ自体としては自らの内に独自の運動変化の根拠を持たないものである。

このような両者の対比が何を意味するのか、いま「材木が机になる」例で考えてみよう。人工品の場合、材木を放っておいたらひとりでに机になることはありえない（その場合「化け物」という第三の範疇が必要になる）。そこには必ず家具職人の手が加わっているはずである。つまりこの場合、始動因にあたる家具職人が、形相因である「机の設計図」を見ながら、もしくは完成像を自分の脳裏に思い描きながら、質料因にあたる材木に働きかけ、裁断・接合といった操作を加えて素材を変形し、やがて机に相当する一定の形を得て完成に近づいてくる。したがって、やがては机となる素材としての材木それ自体の内に、運動変化の根拠はない。それは、机とは別個のいわば外部（家具職人）に求められるべきであろう。そしてまた、人工的に付与された形態（机）は時間が経てばやがては崩壊し、もと

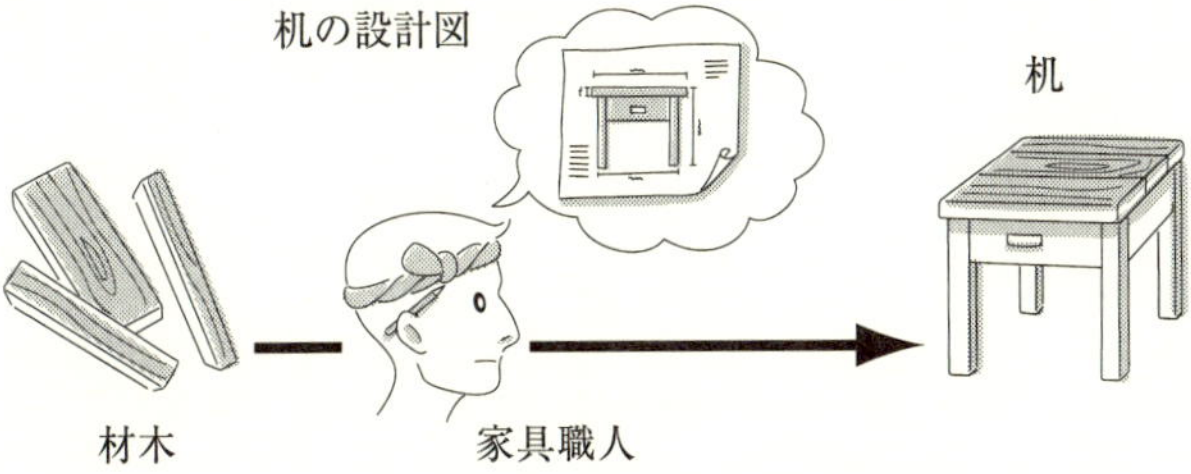

の素材（材木）に戻ってしまう。

次に同じ技術でも、病人を健康にする医術の場合はどうだろうか。ここで病人とは、健康という形相が欠如した身体という、単なる質料とみなされる。一方、健康とは何であるかを知っており、またそれはいかにすれば生み出せるか、一連の操作に習熟しているのが医者である。健康を快復する過程とは、始動因にあたる医者が、手術や投薬など病人に働きかけることで、患者の身体（質料）が健康という形相を受け取る。その意味では、上述の家具製作と類比的な構造を備えていると思われる。

とはいえ、慧眼な読者であれば容易に察しがつくように、この二つの例には重ならない重要な点がある。身体が健康を快復する過程とは、実は人工的な技術の所産ではない。風邪を引いても寝ていればそのうち治る、また小さな外傷であれば医者が手を加えなくてもしだいに傷口が塞がってくるように、身体には自然の回復力が備わっており、これこそが本来の治癒の主体なのである。医術の役割は、こうした自然の回復力が発揮されるのに適した条件を揃えてやることにすぎない。つまりこれは、あたかも病気になった医者が自分を診断し、自分に処方・施術していくような、初めから始動因がその事物に内在している場合なのである。

技術の介在しない、純粋に自然によって存在する例として、ヒマワリの種子を考えてみよう。ヒマワリの種子は、適当な土壌（栄養）と一定の温度・湿度の条件が揃えば、ほかに外から手を加えなくても発芽し、葉をつけ、生長して、やがて花を咲かせていく。その意味で、家具の製作とは異なって、運動変化の根拠を自らの内に有している。種子に内在する自らの可能性を、時間の経過とともに徐々に実現させていくのである。

静止する生長と自己実現

ところで、自然的存在にはもう一つの重要な点がある。それは、こうした自己運動が、必ず一定の経路と終着点を共有していることである。「ヒマワリの種」や「鶏の卵」のように、個々の種子や卵は、その向かうべき目標が初めから定められているのであり、播《ま》いてみなければ何が生えてくるかわからない、ということはない（そうだとすれば再び「化け物」の範疇が必要になる）。つまり、こうした自己運動は決して盲目的でも無目的でもなく、一定の秩序を備えて進行し、しかもどこかで必ず静止する、生長の限界を持っている。個体の発生を観察すれば容易に見て取れるように、妊娠初期の母胎では当初魚の鰓《えら》のような手も、徐々に指が分かれてくる。幼児期には身長も少しずつ伸びるが、やがては生育も停止し、いつまでも伸び続けることはない。では運動はどこで止まるのか。それは、種や卵に内在する本来の可能性が全面的に開花し、自己自身を実現した地点であろう。だがこのことは翻って考えてみれば、不思議なことにも思われる。あたかも種子の内部にあらかじめ決められた設計図が備わっていて、終着点を目指す意図があって始発し停止するような印象を与える。アリストテレスにとって、運動とは決して（天体の円運動を除けば）終極なき無限のものではなく、必ず静止する点をもち、またそのことによって意味を与えられるものだったのである。

ここでもう一つ大切なのは、すべて生物は、生長の頂点において自分と同種の子孫を複製し後に残す（生殖）という点である。たしかに、個々の個体は、生長がやめば時間の推移とともにやがては枯れて死に、滅びていく。だが残された種は再び新たに生長して、親と同じヒマワリの花を咲かせていく。

これに対して人工品の場合は、時間の経過とともに秩序は解体し、机（形相）が壊れた後に残るのはただの材木（質料）であって、再生は期待できない。その材木も、さらに時が経てば再び朽ち果てて、ついにはより単純な物体、相反する感覚的性質を備えた元素（水・火・空気・土）へと還元される。だからこの生々流転する現実世界にあって、時間の経過を通じて永遠に持続する存在を追求すれば、質料の方向に求めざるをえないとも考えられる。そして事実、初期の思想家たちはこうした方向へ向かって思索の歩みを進めたの

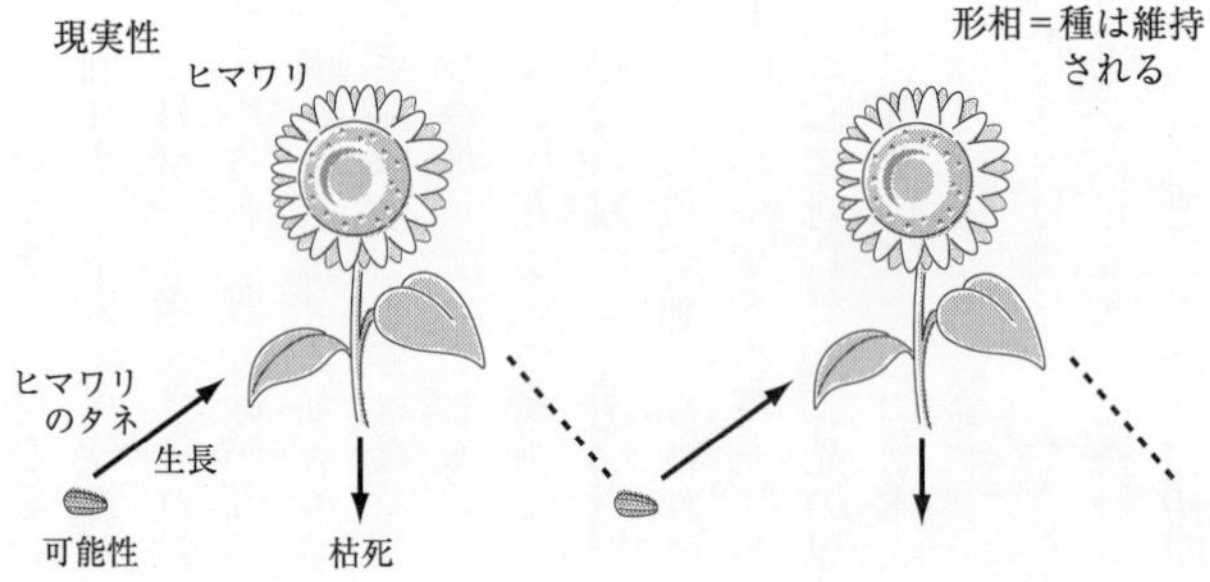

であった。

しかし生物の場合、それぞれの個体の生成消滅を通じて、ヒマワリの形相そのものは変化せずに一貫して維持されている。それぞれの個体がその都度担い、実現しているヒマワリの形相、ヒマワリという「種」自体は、永遠に変わることがない。その意味で「個体」とは「種」を発現させつつ次の世代へと送り届ける乗物のような存在（R・ドーキンス『利己的な遺伝子』）であるともいえよう。

西欧近代科学が何よりも物理学をモデルに自然を理解し、生物もまた一種の精巧な機械であるとみなす限り、生命は自然の一部のごく特殊な現象にすぎない。アリストテレスに代表される古代的自然観は、逆に生物をモデルにした「生きた自然」のとらえ方であり、ここでは自然と生命とは密接不離である。自然は運動変化しながらも、全体として大局的に見れば、絶えず同一の秩序を反復再生する円環をなしている。だからその限り、不動で完結した自然は、文明社会に対する未開社会のように、不可逆に進行する歴史や発展をもたない。それに対して一九世紀以来、自然観として主流を占めつつある「進化論」は、自然と歴史の二元論を廃棄し、歴史を持たないはずの自然の歩みを、さらに長いスパンでの歴史的発展の相のもとに包括して見ようとする思考なのである。

進歩の終焉

自己実現する静止点をもつ自然ということをいま述べた。それでは静止点をもたずに自己運動を展開する存在はあるだろうか。無限宇宙の虚空の中で、外力が働かなければ永久に等速直線運動を続ける物体。近代物理学が前提するこの表象は、いつまでたっても散歩をやめない人間のように、古代の感覚からは極めて奇妙なものに映る。それは身近なところでは、癌細胞に似ているかもしれない。癌細胞はむやみに増殖を繰り返し、生長が暴走してしまう結果、生体全体の調和を破壊して死に至らしめる点に特徴がある。生物としては半面の特徴しか備えていないのである。だがそうだとすれば、いまわれわれが暮らしている文明も、何やらそれに似ていないだろうか。エネルギー消費、人口、各種の廃棄物、そして情報。いずれも経済成長とともに右肩上がりに進んでとどまるところを知らない。われわれの生活は、この先いったいどれほどのゴミを出し、どれだけエネルギーを消費するところで自足し停止するのだろうか。実はそうした到達点をどこにももたないし、またもとうとしないのが、いまや「開発途上」の名の下に全世界が追い求めてやまない、啓蒙主義時代以来の「発展」と「進歩」を誇る近代文明の姿なのである。

地球環境問題とは、技術の肥大化に伴って自然の改造が限界に達し、われわれが暮らす環境の有限な性格が自覚されてきたことによって、もはや「成長の外部」を無視した無限の直線的な進歩と成長という、近代社会の発展を支えてきた理念（神話）が破綻をきたしていることを警告しているのである。なんらかの新たな定常化、円環の形成を実現しない限り、人類の未来はありえない。だが既に「豊かさ」を享受してその問題点にも気づきはじめた先進国と、貧困の中でなお開発によって「近代的な暮らし」を享受したい後進国との間で、共通の合意を得られるのだろうか、事態はまことに深刻である。こうした中で、対症療法的な政策ではなく、より射程の長い原理的な考察を進めるうえで、アリストテレスの洞察した自然の理解は、なお現代人に多くの示唆を与えうるように思われる。

存在を問う

『形而上学』（第一巻）と『自然学』（第二巻）の叙述に即して、四原因論、形相と質料、現実性と可能性など、アリストテレスの学問論と自然理解の基本を見てきたが、アリストテレスは「第二の哲学」と呼ばれる自然学に対して「第一の哲学」をも構想していた。それは、さまざまな存在者を一定の領域ごとに区切り、その対象に固有の根拠や原因を探究するといった個別科学ではなく、およそありとあらゆる「存在するもの」をまさにその存在するものとしての限りにおいて考察する、普遍的な学問を意味する。近代的な（一八世紀にバウムガルテンによって創始された）術語で言えば「存在論」(ontology) の先駆である。この用語自体はいささか大袈裟な語感を伴うが、同一性、実在、類種関係、述定、判断など多様な意味をもつ「ある」という語の機能を分析し、言語と実在世界との関係を考察する最も基礎的な哲学的考察をさす。

ところで、アリストテレスが近代的な存在論とやや趣を異にするのは、こうした第一の哲学が目指す思弁的な知識が、結局は神（もしくは神々に関する事象）を対象とするものであり、同時にまた、神こそがこうした知識を持つにふさわしい者である、という二面性を持つゆえに、「神学」とも呼ばれていた点である。

『形而上学（メタフィシカ）』は、この最も困難な試みである「第一の哲学」に関する論考を集めた著作である。元来この語は、自然学（フィシカ）の「後に」（メタ）置かれた一群の文書という、編集上の便宜的な名前にすぎなかった。ところが、中世以降この「メタ」のもつ含意が、感覚的な対象領域を超えた（トランス）問題を扱うといった了解に変化し、最も抽象性の高い根本的な哲学の問題を指すようになった。また「形而上学」という訳語もこうした理解の線上にある。一八世紀後半には、神の実在、霊魂の不滅、宇宙の始元、意志の自由などをめぐって、その独断的性格が俎上に載せられ（カント『純粋理性批判』）、一九世紀末には改めてその終焉が診断され解体が叫ばれるなど、立場によっては侮蔑的なニュアンスを伴うことも少なくない。しかしアリストテレスの決して平易ではないテクストの中には、安易な誤解を寄せつけないだけの強靭な論理と卓抜な洞察が溢れており、いまなお哲学的思索の源泉として不朽の魅力を備えていることも見逃してはなるまい。

カテゴリーの諸相

さて「存在」の問題を考える際に、アリストテレスが提起した最も重要な概念は「カテゴリー」という考え方である。これは従来「範疇」という、いささか難しい訳語が当てられたが、部門、部類、種類分けといった「枠組」を指すアリストテレス論理学の術語である。「アゴラ」（都市の中心にある公共の広場）に由来するこの語は、元来は、ある人に対して罪状を並べて告発する法律用語であった。そこから一般に、ある事柄（主語）についてある言葉（述語）が述べられる際に、それらさまざまな述語がどのように、どれだけあるのか、つまり述語の区分、述語の分類を意味するようにアリストテレスが改鋳したのである。たとえば、目の前に机があるとしよう。この机についてはさまざまなことを語りうる。「白いね」「軽いぞ」「一メートルある」「僕のものだ」という具合に、「机」を主語にしてさまざまな言葉が述語として述べられる。とはいえ、これらの述語はどれも同じではない。ここには「何であるか」「どれだけあるか」「いかにあるか」といった問いの種類に応じて、いくつかの種類が区別される。つまり「白い」「軽い」といった述語は同じ「性質」というカテゴリーに属するが「一メートルある」は、これらとは別の「分量」のカテゴリーに属する。「大きいね」は「関係」に、「僕のものだ」は「所有」に、また「机だ」といった場合には「実体」のカテゴリーに属する。

こうした述語の区分（最高類概念）がカテゴリーと呼ばれているが、それはいったい何種類あるのか。よく教科書では、アリストテレスのカテゴリーは一〇個ある（『カテゴリー論』第四章、『トピカ』第一巻第九章）などといわれるが、他の著作では必ずしも一〇個全てが枚挙されているわけではない。その中で主要なものは、実体、分量、性質、関係である（ほかは、場所、時、状態、所有、能動、受動）が、これらが最終的にいくつあるかよりも、重要なのは実体とそれ以外のカテゴリーとの区別である。これは問いのかたちに対応して異なっている。いま目の前にあるものについて「何であるか」と問われて答える際、「机」や「コップ」が実体のカテゴリーに相当する。また「いかにあるか」と尋ねられれば「白い」「軽い」（性質）、「どれほどあるか」と問われれば「一メートル」（分量）と答えられる。だから「何であるか」と尋ねられたら「白い」とも「軽い」とも答えることはできない。「ある」という語は決して唯一の意味を持っているのではなく、とりあえずはこのように、さまざまな問いに応じて多くの仕方で答えられることをまず認めなければならない。こうした一見自明とも見える平凡な着眼が、アリストテレスの出発点であった。

実体と付帯性

さて「何であるか」の問いに対する答えとなるもの（机、コップ、人間）は、われわれの語感では「モノ」に一番近いように思われる。そしてこの実体の述語は、それ以外の述語とは働き方が全然違う。この経緯をアリストテレスは、次のように論じている（『分析論後書』第一巻第二二章）。

「白いものが歩いている」あるいは「あの白いのは人間だ」といった言い方（A型）と、「木材が大きい」「人が歩いている」という言い方（B型）は異なる。たしかに命題の真偽に関する限り「白いものは木材だ」（A）と言おうが、「木材は白い」（B）と言おうが変わりない。主語と述語を入れ換えても、それによって最初の命題が偽になることはない。しかしこの両者は、述語の構造に関しては性格が異なり「木材が白い」という言い方（B型）こそが本来の述語であって、「白いものは木材だ」（A型）にはない要素を含んでいるのである。

アリストテレスの叙述に即して説明しよう。主語に「白いもの」を立てて発言する場合（A型）には、実はその場に「白い（性質を備えた）何ものか」の存在が、白さとは区別されてすでに同時に了解されているはずである。その「白い何ものか」がすでに人間であることが了解されたうえで、当の人間について、改めて同語反復的に「人間である」ことを確認したり「歩いている」という述語が述べられる。

ところが反対に「木材」や「人」といった実体語を主語に立てる場合（B型）、そこには主語に先立って了解されている何ものか、つまり「人であると語られるところの、人とは違う何ものか」が別にあるわけではない。

身近な場面で「この白いのは五センチある」と語られる例を考えてみよう。教師が教壇に立って聴講者の目の前で白墨を手に持ち「この白いのは五センチある」と言った場合、その場で見ている人には何の意味かよくわかる。しかし遠くて発言者の手元がよく見えなかったり、扉を隔てて廊下には声しか届かない場合に「この白いものは五センチある」と聞いただけでは、いったい何をさしているのか、さっぱり見当がつかない（半透明な指示）。それに対して「このチョークは五センチある」と言えば、言葉を聞いただけで何を言っているのか、はっきりするだろう。

ここで「人間」や「チョーク」のように一般にモノをあらわす「実体」語と、「白い」といった性質や属性をあらわす語（「付帯性」）とは、発語された状況での指示機能、つまり存在の摑まえ方に大きな違いがある。実体とは、それについて語るのに他の前提を必要としない、「それ自体として存在する」と言えるものである。それに対して付帯性や属性は、何かほかの事物に附随することを前提にしなければ、およそ語ることができない。さまざまな色合いの「赤さ」はいずれも、このリンゴの、その郵便ポストの、あの夕焼けに担われた赤さであり、こうした何ものにも附随しない抽象的な赤さはどこにもあるまい。

この「何ものか」の特性を示すのに、アリストテレスは「もとにおかれているもの(hypokeimenon)」という独特の述語を用いている。従来この「ヒュポケイメノン」は、一般には「基体」と訳されることが多かった。しかし(人間の知覚の条件、主観性、言語形式とは無関係に)モノが単にゴロンとそこに転がっている、といったイメージは当たらない。むしろアリストテレスの考察は、言葉が現に発語される具体性をもった場面で、言語の機能と実在把握との関係に向けられていたことを忘れてはならない。

発語に先立って

さてこうしたヒュポケイメノンは、それぞれの述語が語られる際の前提であるとすれば、述語に対する「主語」であるとも思われよう。だが実際には、主語がはっきりと示されない(発語されない)場合も少なくない。そしてこの特質は、特に日本語の場合には一層際立ってくる。つまりこうした発語の前提は、単に発語者の側だけの主観的な前提であるにとどまらず、聞き手を含む相互の了解をあらかじめ予想したうえでの共通の前提なのである。それゆえ、明示的に発語される主語抜きで「白いね」「おや、歩いているぞ」といった言葉が述べられる際にも、いやむしろその場合にこそ、すでにその場でなんらか共通に了解され措定されている仕掛けがなければならない。それこそが、まさに擬似的に主語の役割を果たす実体語の機能なのである(井上忠「先言措定」)。

このように考えれば、「この雪の白さ」あるいは、「その紙の白さ」といった特定のあの白、この白から切り離された「白さそのもの」「純粋な真っ白」といった存在を想定する余地はなくなる。こうした「白さそのもの」を単なる名目的な抽象ではなく、それ自体として実在すると主張する点にイデア論特有の語り方があるが、アリストテレスの見方からすれば、こうしたイデア論の用語法には意味がない。つまり、白さというのは、何であれ必ず具体的な特定の事物（実体）に担われた白さでなければならないのだ。

「五つの赤いリンゴ」

この経緯をわかりやすく示すのに、ウィトゲンシュタインの有名な「五つの赤いリンゴ」の例を借用して（本来の問題の文脈からはやや逸脱するが）考えてみたい。

私が、誰かある子どもを買い物にやるとしよう。注文の品を「赤いリンゴ五つ」と紙に書いて渡す。この文字が書かれた紙片を子どもが青果店へ持参すると、受け取った店員は、まず初めに「リンゴ」と書かれた引き出しを開ける。次に目録の中から「赤」に対応する色の標本を見出す。それから店員は「一、二、三、四、五」と基数の数列を口に出し、それぞれの数を口に出すたびに、標本に相当する色のリンゴを一つずつ引き出しから取り出して、袋に入れる（『哲学探究』第一部一節）。

この一見何の変哲もない例示は、いったい何を意味しているのだろうか。これをアリストテレスの文脈に戻して考察を加えてみたい。まず第一に、ここに登場する三つの語「五つ」「赤い」「リンゴ」は、それぞれ全く別種の行動に対応している。「赤」で指示された行動は「青」で指示される行動と同じ種類の行動（色見本を探す）だが、「五つ」が指示するのは全く種類の違う振る舞い（同種の個体を摑み出す）である。カテゴリーの違いは、決してどちらか一方に還元されないのである。

第二に、この三つの動作は「リンゴ」「赤い」「五つ」という順でなされるのであり、決して順序が逆にならない。最初に、何でもいいからとにかく「赤いもの」を五つ並べてみる。当然その中にはリンゴとそうでない果物が混在しているから、リンゴだけ残して「それ以外の赤いもの」をまた「別の赤い果物」と取り替え、最終的に五つすべてがリンゴになったところで完了する。こんな手間のかかる操作は絶対にやるまい。ましてや、何でもいいからとにかく「五つ」だけモノを集める、ということから始めたら、それこそ収拾がつかない。そもそも商店からして、果物屋、酒屋、八百屋に分かれているのであり、「赤いもの」だけを取り揃えた専門店など聞いたことがない。あまりにも当然の話だが、それはなぜだろうか。

世界を分節する言葉

ここでは、リンゴ、ミカン、バナナといったモノ（種）をあらわす言葉（実体語）こそが、言葉と実在世界を結ぶ楔《くさび》になっている。色彩の違いによってではなく、人間、馬、机、リンゴといった実体語によって、われわれの住む世界の最も基底的な「分節化」がなされるのである。

それでは、こうした実体語に即した分節のない世界はどうなるだろうか。後期印象派の点描絵画を徹底させたような、モノの輪郭が一切ない、ただ光と色だけが揺らめいているような世界。猛吹雪のために視界が白一色に塗りつぶされ、地平線も何も一切の形が見えない天候（ホワイト・アウト）。それは夢のようでもあり、また恐ろしくもあるが、いずれにせよ人間がそこで安定した生活を営む世界とはほど遠い。

いま目の前にある、このモノは、さまざまな規定を含んでいる。それは事務机であり、（表面が）茶色で、幅が一メートルあり、誰某の所有物である。そのように、カテゴリーに従ってこのモノについていくらでも語れるが、すでにわれわれの了解の基礎にある実体（机）については、改めて発語されることは少ない。つまり普通は、相手の目の前にあるリンゴを指さして「赤いのください」「五つちょうだい」と言う。あえて口に出さなければわからない要求だけが発語される。他方、話し手と聞き手がお互いに共有している状況（客がリンゴを買いに来た）をつくる前提は、決して発語されることはない。その意味で、日常言語はすべて、付帯性の側、述語の側に関心を寄せているともいえよう。

中学校一年生の英語教科書に「ジス・イズ・ア・ペン」という文例がある。英語の構造を初学者に理解させる格好の文例というわけである。だがこの文章そのものは、日常会話の場面ではまず口にされることはあるまい。仮にこの一文が実際に発語されるとすれば、それは相手が握りしめた棒が筆記用具であることを知らずに、思わず口にくわえて食べようとする。そういうホラー映画のような異様な状況に出くわしたときに、相手に自分が置かれている状況が何かを理解させるために発語されるだけであろう。だからそれは、話者の引きつったような顔つきと、叫び声を伴って、一回しか発語されない。この場合の「これはペンだよ!」という発語は、リンゴということがお互いに了解されたうえで、五つくれとか、赤いのをくれといった店先での会話で発せられる述語とは明らかに違っている。

モノとは何か?

したがって、アリストテレスにとって「存在とは何か?」という問題の解明は、つまるところ「実体とはいったい何であるか?」という問いの形で遂行されていった。さまざまな付帯性が「ある」と言われるのに先立って、実体がまず存在しなければならない以上、この実体がいかなるものかを解明していくことが、存在を解明する唯一の途《みち》である。こうしたアリストテレスの思索の方向は、一見平凡に見えて実に卓抜な着眼といえよう。われわれの語感では、実体(ウーシア)とは、人間、机といった「モノ」に近いが、より正確には、そのような安定したモノの世界をモノとして成立させている構造であり、そしてその根拠はどこにあるのかを解明することが実体論の課題である。

だが、たとえば「机」という実体の言葉は、果たして何を指しているのだろうか。事務机、学習机など、ひと口に机といってもさまざまである。黒板の前にある教卓と、聴講者用の机とは同じではないし、個々の机と一般概念としての机（設計図）も当然異なる。

そこでアリストテレスは、同じ実体でも個々の「当のある馬」（第一の実体）と、単なる「馬」（第二の実体）とを区別している（『カテゴリー論』第五章）。これはたしかに、個体（個物）と普遍（一般者）の区別に対応するようにも思われた。そこでボエティウス経由で伝えられたアリストテレス論理学にもとづく弁証論が隆盛を迎えた一二世紀以降の西欧中世では、個々の机（第一の実体）とは区別される机一般（第二の実体）の身分をめぐって「普遍論争」が繰り広げられた。普遍の実在性を認める立場（実念論）と、個々の個体に実在性を限定する立場（唯名論）の対立を中心に、中世論理学史を彩る長期の論争が展開されたのである。

しかしアリストテレスの本文は「当のある馬」という、やや奇妙な言い方をしている。つまり指示性を示す「当の」という冠詞と、「ある何かの」という不定代名詞が添えられた複合的な表現になっていて、その意味でも「第一の実体」とは、決して単純ないわゆる「個物」、つまり目前の一品限りの「唯一の机」という固定した対象を指しているのではない。たしかに普遍（もしくは一般概念）とは区別される個物には違いないが、なにも「この机」だけとは限らない。隣にある「同じような机」であってかまわない。教室で机が足りなくなれば「ちょっとすまないが、隣の部屋から机を三つ持ってきてくれないか」と言うように、世界に一個しかない机ではなく、その都度の状況に応じて交換可能な個体が問題にされていたのである（井上忠「かけがえのある個体」）。

究極の主語と裸の個体

そこでアリストテレスは、さらに実体とは何かという探究を『形而上学』の中心巻（第七巻）で進めていく。実体を規定する候補を四つ（本質、普遍、類、基体）挙げ、それらについて徐々に分析を加えていくのだが、ここで重要な点は二つある。

第一は、前述した「基体」（ヒュポケイメノン）と呼ばれるものの厳密な規定に関わる。ヒュポケイメノンとは、それについて何ごとかが述べられることはあっても、それ自らは何か他のものについて決して述語とされることのない、つまり究極的な主語性を備えたものであった。だが、この方向にのみ実体を求めることはできない。主述の観点だけでは実体の規定としては不十分なのである（第七巻第三章）。

仮に一切の述語性を拒否するとなれば、いま述べた「当のこの人」「当のある馬」といった第一の実体も解体の危機に瀕することになる。つまり「当のある馬」についても同様にまた「馬」であると言われる以上、主語の中に残された「馬」すらも取り除いて「これは馬である」と呼ぶことができよう。そうなれば、最終的には「これ」としか言いようがない、一切の実質的な述語規定を除いた純粋の指示機能を備えた主語だけが、究極の実体の候補になるのではないか。こうした方向に実体を探索すれば、それは形相ではなく質料のほうに、実体性を認めることになるだろう。ところが一切の形相を抜きにした単独の質料は、もはや「これ」と指示することすらできず、それ自体としては独立に存在しえない「裸の個体」なのである。何よりも実体のもつ特徴と思われる指示可能性と離在性という性格を、質料は満足しえないことになる。したがって、あくまで「この馬」「この人間」といった実体の言葉によってこそ、眼前にある個体を取り押さえることができる。これがアリストテレスの実体論の主眼であった。

本質——何であり続けたか

第二は「本質」に実体の正体を求めていく方向である。「本質」は、そのものの「何であるか」に対応する言語的規定であり、前に述べた「形相」とも実質上は重なってくる。ただしここで「本質」と訳されている複合的な表現（ト・ティ・エーン・エイナイ）は、単に「何であるか」ではなく、そのものにとって「何であったか」「何であり続けてきたか」という持続の視点が入っていることに注意しなくてはならない。つまり、現在この一瞬において何であるかが問題なのではなく、時間の経過とともに絶えず変化・変容を蒙りながらも、そこに一貫して存在し続けている不変な何ものか、それこそが「本質」の名に値するとアリストテレスは考えていた。

このように考えてくると、前章で述べた自然についての考察が、存在の探究においても大きな示唆を与えている。つまり生物の場合、絶えざる運動変化の中にあって個体そのものは死滅せざるをえないにしても、生殖すなわち自己複製により、世代を超えてそのものの形相ないし種それ自体は維持される。たしかに種は個体に担われて発現する。しかしまた、人間が人間を生み、ヒマワリがヒマワリの種を後に残す。その限りにおいて、時間を通じて種そのものは持続する。事実、形相と訳される「エイドス」は、また別の文脈では生物の「種」とも訳される。

生々流転してやまぬこの世界の中で、いったい何が、変わらずに一貫して存在し続けるものであろうか？　こう問うたときに、体長、大きさや色合いといった個体差を超えて、生物種の持つ〈かたち〉（ラテン語 species）そのものは変わらずに次代に伝えられ、一貫して変わらずにあり続ける。こうした生物種の〈かたち〉こそがアリストテレスの脳裏に浮かんでいたのではないか。

このように、アリストテレスの存在論の着眼と方法には、言語使用に関する犀利な分析とともに、一方で生物種を典型とする自然学の発想が隅々にまで浸透していたことがうかがえるのである。

参考文献

●アリストテレス『形而上学』出隆訳（岩波文庫、上下、一九五九／六一年）
●アリストテレス『自然学』出隆、岩崎允胤訳（『アリストテレス全集3』岩波書店、一九六八年）、藤沢令夫訳（『世界の名著9　ギリシアの科学』中央公論社、一九七二年）、田中美知太郎他訳（世界古典文学全集16『アリストテレス』筑摩書房、一九六六年）
●アリストテレス『分析論後書』加藤信朗訳（『アリストテレス全集1』岩波書店、一九七一年）
●アリストテレス『カテゴリー論』山本光雄訳（『アリストテレス全集1』岩波書店、一九七一年）、松永雄二訳（世界古典文学全集16『アリストテレス』筑摩書房、一九六六年）
●アリストテレス『魂について』中畑正志訳（京都大学学術出版会、二〇〇一年）、桑子敏雄訳（『心とは何か』講談社学術文庫、一九九九年）
●コリングウッド『自然の観念』平林康之、大沼忠弘訳（みすず書房、一九七四年）
●山本巍『ロゴスと深淵——ギリシア哲学探究』（東京大学出版会、二〇〇〇年）
●千葉恵『アリストテレスと形而上学の可能性』（勁草書房、二〇〇二年）
●井上忠『哲学の現場——アリストテレスよ語れ』（勁草書房、一九八〇年）
●井上忠『モイラ言語——アリストテレスを超えて』（東京大学出版会、一九八八年）
●山本信編『講座哲学1　哲学の基本概念』（東京大学出版会、一九七三年）
●アンスコム、ギーチ『哲学の三人——アリストテレス、トマス、フレーゲ』野本和幸、藤沢郁

夫訳（勁草書房、一九九二年）
●桑子敏雄『エネルゲイア――アリストテレス哲学の創造』（東京大学出版会、一九九三年）
●ウィトゲンシュタイン『哲学探究』藤本隆志訳（『ウィトゲンシュタイン全集8』大修館、一九七六年）、『ウィトゲンシュタイン哲学的探求第一部読解』黒崎宏訳・解説（産業図書、一九九四年）
●オーエン「アリストテレスと存在論の罠」上林昌太郎訳（井上忠、山本巍編訳『ギリシア哲学の最前線II』（東京大学出版会、一九八六年）

第10章　行為と目的～倫理学の方法

アリストテレスの哲学体系にとって、理論学、自然学系の著作群と並ぶもう一つの重要な領域は、実践哲学、倫理学の分野である。アリストテレス全集のうちには、倫理学に関する書物としては『ニコマコス倫理学』『エウデモス倫理学』『大道徳学』の三つが収められているが、このうち『大道徳学』は真作ではなく、後代のペリパトス学派による作だと考えられている。また『エウデモス倫理学』は『ニコマコス倫理学』に比べてかなり短いが、相互に重なる部分（三巻分）を共有しており、幸福にとっての偶然的要素（幸運）を重視し、神学の理念を濃厚に反映している点で、おそらく（A・ケニーらの異論はあるが）初期の作品であろう。そこで一般に「アリストテレスの倫理学」といった場合には『ニコマコス倫理学』全一〇巻に示される内容をさすと考えてよい。この書物の標題は、アリストテレスの死後（祖父と同名の）息子ニコマコスが父の遺稿を整理編集したという伝承にもとづいている。

「エチカ」の由来

さて「エチカ」とは、人間の性格や人柄をあらわす「エートス」という語に由来する。

つまり「エチカ（倫理学）」とは、人間の人柄・性格に関わる事柄全般を論究の対象とする。人柄とは、例えば、勇ましい、気前がよい、だらしない、信用できる、嘘つきといったように、その人のもっている（心の）一定のあり方、つまり、簡単には取り替えることのできない持続的な当人の傾向性・特性をあらわしており、またそれに対して賞賛と非難が下される、価値評価を含んだ性格のことをさす。こうした人柄は、反復練習を通じて一定の技能（楽器の演奏、道具の操作、外国語会話など）が身につくのと同様に、同種の行為を反復する「習慣」（エトス）を通じてしだいに獲得形成されるのであるが、そもそも人間にとっての善さや行為の究極目的とはいったい何か、人柄や性格（徳と悪徳）にはどれだけの種類があり、相互にいかなる関係があるのか、またそれを構成する要素は何か、そして人柄とはいかにして人間に備わるのか、こういった一連の問題群が倫理学の課題となる。したがって「私はいかに行為すべきか」という問いに集約される、行為の規範性や普遍妥当性を第一に問題にする近代の実践哲学とは、多くの問題を共有するにもかかわらず、重点をやや異にしているのである。

ラファエロの大作『アテネの学堂』の画面中央右に、プラトンと並んで立つ髭面のアリストテレスは、青色の上衣に身を包み、右腕を伸ばして前方の大地を指さしている（経験主義の象徴）。彼が小脇に抱えた書物の背には「エチカ」の文字が見える。この図像からもうかがえるように、この書はアリストテレスの晩年、学頭時代の成熟した思想を伝える完成度の高い著作であり、その後の西洋倫理思想史に決定的な影響を与えた。今日でも、政治倫理、生命倫理（バイオエシックス）、環境倫理、などさまざまな場面で「倫理」という言葉が使われているが、そもそも「倫理」に相当する英語「エシックス」（ethics）は、アリストテレスの書物の題名『エチカ』（ethica）に由来する。

実践哲学の方法論

ところで、こうした人間の性格や行為に関わる実践的学問を、自然学や数学などの理論学から区別される独自の領域を持つ探究とした点に、アリストテレスの周到な方法論の片鱗をうかがうことができる。というのも、第一に、人間の行為はすべて個別的である。つまり、何をするにせよ「いまこの場において、他ならぬ私が何ごとかを行う」という個別性を抜きにしては意味をもたない。理論的な諸学にとっては個別から抽象された普遍（カトルー）の把握こそが決定的であったが、実践的学問においては、むしろ個別性に伴うある種の揺らぎと不確定性のもつ意味を的確に見据えなければならない。

したがって、第二に、こうした人間的な事柄の研究にあたって（幾何学の作図や論証のごとき）過剰な厳密さを期待することは望めない。たいていの場合には成り立つ（ホース・エピ・ト・ポリュ）という大雑把な傾向性や法則性が理解されれば、それでよしとしなければならない。直角を求める仕方は、家具職人と幾何学者とでは、決して同じではありえない。この両者を混同して、人間的な事象に関して過度の厳密さを追求するのは、そもそも「教養」が欠けているのである。

第三に、実践の学は「善い人とは何であるか」を単に知るのみならず、実際にわれわれ自身が善い人に「なる」ことを目指すものである。倫理学の目標は事実の認識にとどまらず、その知見を通じてなんらか当人のあり方を形成することに関与する。とはいえ、それはなにも小中学校の「道徳の時間」のような教育科目ではない。むしろ反対に、若者はこの種の学問の聴講者としてはふさわしくない。なぜなら、若者は実際生活上のことがらについて経験をもたないのに対して、倫理学はこうした実際生活上の行為を出発点とし、またそれをめぐってなされるからである。

倫理学の課題は、殺人を正当化する論理を開発し（実行に移し）た小説『罪と罰』の主人公ラスコーリニコフのように、社会の常識からかけ離れた奇想天外なモラルを発明することではない。立派な行為とは何か、正しい行為とは何か、そのような正しい行為と正しい人柄とはいかに関係するか、といった問題を探究するためには、あらかじめそれを身につけるべく躾《しつ》けられていなければならない。つまり、他人のものを盗んではならない、嘘をついてはならない、といった規範を当然のこととして了解し、また事実そのように振舞っている人が、今度は改めてそうした常識や規範の正当化の根拠を、自身の経験や社会の出来事を反省することを通じて、一歩一歩問い質《ただ》していくところに、倫理学の意味がある。したがって、世間の常識や通念を全く共有しないテロリストや狂信的なカルト教団の信者にとって、こうした学問ははじめから意味をもたない。一時期わが国のジャーナリズムでも喧伝された「なんで人を殺しちゃいけないの」と大人に挑戦する中学生は、アリストテレスの目から見れば、根源的な問いを発する無垢な少年哲学者などではなく、十分に躾けられていない駄々っ子にすぎない。哲学は、青春の門であるどころか、むしろ成人指定（プラトン『国家』五三九Ｂ）なのである。

倫理学と政治学の結びつき

もう一つ見逃してならないのは、アリストテレスの場合、倫理学はそれ自体で独自の学問として完結しているのではなく、政治学と密接不可分の関係にあり、むしろ広義の政治学の内に含まれるという点である。政治学（ポリティクス）とは、以前は「国家学」とも訳されたように「ポリス」に由来する。ポリスとは、城壁の内に集住する人口数千から数万程度の規模をもち、市民団の水平的な社会関係に基礎をおく、それぞれが独自の守護神、法律を有する自治的都市国家であり、前八世紀以降ギリシア各地に出現した。

アリストテレスによれば、人間は神々や他の動物と違って、単独では生存しえない。その自然本性からして、ポリスを営むように仕向けられている動物なのである（『政治学』第一巻第二章）。そこで生活の必要に応じて、さまざまな規模の社会共同体が生み出されてくる。すなわち、出産に関わる男と女、また日々の生産に携わる主人と奴隷という、二組の対が結びついて、まず共同体の最小単位である「家」がつくられる。次に狩猟や灌漑《かんがい》、耕作などの便宜のために、血族関係に基づく複数世帯の「村」がつくられ、さらに交易や戦争など、より大規模な協同を必要とすることで、村はポリスへと拡大する。そしてこのポリスが形成された時点で、はじめて自足した生活が可能となる。つまり単に毎日を生き延びるというだけでなく、人間の尊厳にふさわしく「よく生きる」ためには、どうしても一定の規模をもった社会を構成する必要がある、というのが、アリストテレスの基本的な人間観、社会観なのである。

『倫理学』においては、人間にとっての善、つまり幸福とは何か、また人柄の善し悪しは幸福にどう関わるか、あるいは人間同士を結びつける絆（友愛）は何かといった諸問題が究明される。だがこうした理念がいくら解明されても、それだけでは十分とはいえず、そうした人間の善や幸福を実現可能にするポリスの条件が問われなければならない。ポリス（政体）にはどれだけの種類があるか。その中で善い国家、悪い国家とはいったい何をさすのか。そもそも国家を構成する国民（市民）の条件とは何か。ポリスにおける教育はいかになされるべきか。こういった一連の問題が『政治学』で問われてくる。

このように、倫理学と政治学がいわば同心円的に結合しているアリストテレスの実践哲学全体の構想は、それ以後のヘレニズム時代の倫理学とはいささか趣を異にしている。ストア派、エピクロス派、懐疑主義などヘレニズム諸学派は、それぞれに興味深い独自の倫理思想を開拓したが、それらはいずれも固有の政治学を欠いているのである（そしてこの状況は、倫理学が哲学や美学と並んで文学部に属し、政治学は法学とともに法学部に属するという今日の学問分類にも及んでいる）。

アレクサンドロス大王の征服によってギリシア（マケドニア王国）の版図は東方に大きく拡大し、小アジアはもとより、エジプト、パレスチナ、シリア、ペルシアなど、東地中海からインダス河にいたるオリエント世界全域を傘下に収める空前の世界帝国が建設された。アレクサンドロスの死後、配下の将軍たちが各地域に分立するに及んで統一帝国は崩壊したものの、ギリシア風の諸制度（言語、都市、法制など）がこれらの地域に浸透して共通の文化を形成し、国際的な文物の交流が進展する。アテナイは依然として文化と学芸の中心地として繁栄したが、そこには全世界から多数の外国人が渡来することになった。こうしたヘレニズム時代（前三二三—三一年）には、もはや比較的小規模な社会共同体（ポリス）を紐帯として、個人が国家の中に包摂されるといった状況ではなくなってくる。ロンドンやニューヨークなど今日の国際的な大都会にもつながるような、個人がもはや拠るべき故郷をもたず、むしろ世界全体を自らの活躍の舞台とする、新たな「世界市民」（コスモポリテース）の生活と思想が生まれてくる。ここでは、個々人がいかに生きるか、いかにして幸福な生を送れるかが、社会や国家のあり方とは独立に構想され、また実践されることになったのである。

行為の目的としての「善」の諸相

さて、アリストテレスの倫理学の本筋に戻ろう。開巻冒頭でアリストテレスは「人間のあらゆる技術や研究、また行為や選択は、いずれもあるなんらかの〈善いもの〉を目指しているように思われる」と説き起こす（第一巻第一章）。自然学の場面では、「何であるか」という問いへの回答に当たるものが形相もしくは本質であり、これが「実体」という存在論の中心概念を導入することを見てきた。ここではそれと類比的に「何をしているのか」を、行為に関する始発の問いとして考えてみよう。

「あなたは（あるいはあの人は）いったい何をしているのか」という問いに答えるものは、いったい何だろうか。「歩いているのだ」という誰しもに明らかな事実の記述は、この場合、それだけではこの問いに対する十分な回答とは言い難い。歩行中の人に対して「あなたは何をしているのか」と問うたとき、「歩いているのだ」ではなんの答えにもならない。むしろそれは回答を拒否する態度の表明とさえ受け取れよう。だが「駅まで子どもを迎えに行くのだ」と言えば、それは適切な答えになっている。歩行という行為は、現在進行中の動作によってではなく、その意図や目的、つまり動作が終了する地点に言及することによって、はじめて意味づけられることになる。

もっとも、特定の終着点を定めずに歩き回ることもあろう（散歩、訓練）。だが歩行自体が目的になっている場合でも「気晴らし」や「健康のため」といった、他者にも了解可能な、より高次の目的が含まれている。したがって、歩行という動作の意味を限定するなんらかの目的や意図なしに、ただひたすら歩くために歩くことはありえない。仮にそういった事態が生じたとしても、もはやそれは本来の人間の行為とはみなせないだろう。

欲求と最高善

では、こうした人間的な行為と考えられるものは、いかにして始まるのだろうか。それは、行為者本人が、当の行為が引き起こすであろう結果を予測し、それを望ましい「善いもの」として欲求することによって生ずる。

しかし、ある一つの行為が目指す目標も、それ自体のゆえに求められるわけではなく、さらに別の、より上位の目的に対する手段となっている場合もあろう。たしかに「駅まで歩いて行く」のは「電車に乗る」ため。だが「電車に乗る」のはさらに「学校に行く」ため、といった具合に、個々の行為と欲求は、目的／手段の重層的な網の目の中に置かれている。

ところで、仮にこうした連鎖が無限に続くとすれば、なにごとかを欲求しても決して充足されることはなく、欲求自体が虚しくなる。したがって、欲求が意味をもつためには、こうした連鎖の終極に、それ自体として求められ、もはや決して他の上位の目的の手段に転じない「究極目的」がなければならない。ただしそれは、誰しも認める事実として指示できる対象とは限らない。目的／手段の連鎖を統括するこうした究極目的とは、欲求や願望が合理的なものであるために、論理的に「要請」される存在なのである。

では人間の行為や生活の究極目的（最高善）とはいったい何だろうか。アリストテレスの診断によれば、たいていの人は、少なくとも名称に関する限り、それを「幸福」とする点で一致している（第一巻第四章）。なぜなら、誰しも心の底では幸福に暮らしたいと願ってさまざまなこと（場合によっては悪事）を行っているのであり、反対に、幸福に生きることを手段として、それによって実現されるであろう上位の目的は考えにくいからである。

幸福とは何か

ただし、このように形式的に「たいていの人が、幸福こそが最高善であることに同意する」からといって、その具体的な内容まで一致しているわけではない。では「幸福とはいったい何なのか」となると、人々の意見はさまざまに分かれてしまう。いや、同じ人がその都度の状況次第で別々のものを挙げることすらある。金銭は使用価値ではなく交換価値しかもたないから二次的であるにせよ、一般に大衆は、快楽や富といった目に見えるもの、手で摑めるものを「幸福」と同一視する傾向がある。しかも病気にかかれば「健康」こそ有難いと感じ、貧困に際しては「財産」がすべてだと思う。ときには高尚なことをしゃべる人に接して「知恵」に憧れることもある。

あるいはもう少し洗練された実際家の場合は（政治家、軍人などに顕著であるが）「名誉」を挙げ、金銭や実利よりも名を惜しみ、名誉を誇りとする。また極めて少数ではあるが、もっぱら真理の探究に没頭する知的な生活（観想）に幸福を見出す人々もいる。

そこでアリストテレスは、人々が一般に幸福についてどのような考えを抱いているか、通念や常識を事実として列挙するだけではなく、改めて人間の自然本性に即した考察を展開してみせるのである（第七章）。それは、第一に「あるものが善い」と言われる場合の条件を分析することである。では、あるものが本性的に備えているはずの「働き」や機能を十分に発揮するのは、一体どういう場合であろうか。例えば「よい机」とは、机として本来果たすべき働き（その上で人がものを書いたり読んだりできること）を十分に実現するような状態にある（滑らかで適度な広さをもった平面と、適度な高さと安定した支柱を備えている）机であろう。同様に「よい家具職人」や「よい医者」とは、家具職人として医者として、求められる機能を十分に果たす力のある（そうした技倆や知識を有する）者のことである。

人間に固有の働き

それでは、特定の技術をもった専門人としてではなく、端的な意味で人間に固有の働きとは何であろうか。それは、単に「生きている」だけの状態には尽きない。植物はたえず自己の内外で物質交代を行い(新陳代謝)、自らの体制を維持していくとともに、自分と同種の個体を残していく。この二つ(栄養/生殖)は人間が植物とも共有している機能であるが、この点に人間の倫理的価値基準を求めることはできない。善人であろうと悪人であろうと、睡眠時(植物と同じ状態)には特に善悪の区別はつけられない。感覚や運動機能をもった動物の次元でも、事態は変わらない。

そこで人間に固有の機能としては、ロゴス(分別、理性)をもつ部分のあり方が問題になる。こうした部分の有する卓越性こそが、人間の善悪に関して決定的な意味をもってくる。しかもそれが単に眠ったままの、いわば「宝の持ち腐れ」状態ではなく、実際に活動している場合に、人間に固有の善が生まれ、それが幸福を意味するとアリストテレスは考えているのである。

つまり、人間の精神的な次元での卓越性(魂の徳性)と、それが現実に働いていること、この二つの要素が、幸福を問題にする際の指標である。そこで幸福な生活の実質的な内容をこの線に沿って突き詰めていくと、やがてそこには、観想(テオーリア)という行為のあり方が浮かんでくる。観想とは、例えば『ファーブル昆虫記』の著者のように、眼前の事象が不思議でならず、その魅惑に引き込まれて夢中になり、時間の経つのも忘れて見とれているような状態を指す。真なるもの、美しいものに出会ってそれに見とれるような場合、それはもはや何か別の目的のためでもなく、実用でもない。実際われわれの経験に照らしてみても、ほんとうに面白い芝居を見たり、本を読みふけったりして、夢中になって何かに没頭するのは、傍から見れば奇妙な没我の状態であるが、本人としては知的な能力を全開している状態であり、この上ない充足感を伴う体験であろう。周囲のことは目に入らなくなり、時の経つのも忘れ、ほかの一切の行為が脱落してしまう。

アリストテレスは、人間にとっての幸福を、最終的にはこうした観想の生活のうちに見出している。人間には、こうした純粋に知的な活動への傾向性が自然本性的に備わっているのであり、それは単に個人的な体験のみならず、タレスを筆頭とする一連の自然哲学の歴史を生み出してきたのである（『形而上学』第一巻第一—二章）。そしてこうした観想的な生は、実は人間のみならず、神々の生活の内実でもある（『ニコマコス倫理学』第十巻第七章）。したがって、人間的な幸福は突き詰めれば「神の生」を生きることでもあり「できる限り神を真似る」（プラトン『テアイテトス』一七六B）ことにおいて、はじめて完成にいたる。こうして第一の哲学（神学）と倫理学は、それぞれの方法論において区別されながらも、吹抜け天井のようにして相互につながっているのである。

快楽は幸福を完成する

すでに述べたように、大衆が手近な快楽を幸福と同一視する傾向をもつことは事実である。とはいえ、こうした素朴な直観が全くの誤解や謬説であるとは言い切れない。そもそも快楽や歓喜の要素を一切捨象した「幸福な生活」を想像することは難しい。アリストテレスも、本来の幸福にはしかるべき快楽が伴うと考えている。それは、人間が自然本性的に備えている機能を存分に発揮して活動するときに、そこにおのずから生じてくる快楽である。そして、このような活動に随伴する快楽とは、単に欲望を充足する過程において覚える「快感」や「満足」とは様相を異にする。たとえば、水を飲むことによって喉の渇きが癒されるように、生体の均衡が崩れてなんらかの欠如が生じたときに欲望が生じ、それを充足して本来の均衡を回復する過程で快感を覚えることは事実であろう（プラトン『ゴルギアス』四九六D）。だがこうした「欲望の充足過程で生じる快」という図式で考える限り、快楽は決して単独では現象せず、苦痛として意識される欠如や欠乏の状態が先行しなければならない（『パイドン』六〇B）。こうした事態は、総じて身体的な快楽にあてはまる特徴である。

それに対して、人間の自然的な機能を発揮する際に随伴する快楽は、それが生ずるのに、先行する苦痛や欠乏状態を前提する必要がない。この点を機械の働きと対比してみよう。例えば自動車の場合、エンジンがよく整備され、オイルも十分、ガソリンも満タン、しかも舗装された道路はすいていて、信号や横断歩道など、遮るものは一切ない。こういった走行のための理想的な条件が揃えば、自動車は、自らの持っている「走る」機能を存分に発揮できる。運転者や乗客にとっても、それはまさしく「快適な」走行といえよう。とはいえ機械の場合には、たとえ理想的な条件のもとで本来の機能を十分に発揮するとしても、それ以上でも以下でもない。

　ところが人間の場合には、それだけに尽きない次元が開けてくる。自分がもつ機能を発揮して活動すれば、おのずからそこに充足感と喜びが生まれる。しかも活動の中から生まれた喜びが、より一層その活動に集中させる促進剤として作用するのである。俗に「好きこそものの上手なれ」という諺に言われるように、ある特定の活動や行為に喜びを覚えることで、ますますそれにのめり込んで熱中し、こうして無意識のうちに特定の行為に選択的に集中することを通じて、一つのことに熟達していく。好みの行為や活動から生じた快楽は、その人の活動をますます増進し、それによって逆に今度はその活動を深化させていく。快楽はこうした意味で「活動を完成する」方向に働くのである。

人間の生、神々の生

　このことを逆に見れば、誰しも嫌いなことにいくら取り組んでも、なかなか上達しないことを意味する。音楽好きの人は、幾何学の勉強をしていても、隣の部屋から聞こえてくる笛の音に気を取られて注意散漫になってしまう（第十巻第五章）。人間はそれぞれ何を好むかによって、おのずと自らの好みとする方向に発達を遂げていく。その結果、個性や技量といった性格の違いが、他の動物には見られない個体差として生じてくる。何に泣き、何を笑い、何を喜びとするか、それが人間の性格やあり方を示しているのである。

このように、各自が好む行為や活動に時間を忘れて没頭することで、深い充足と喜びとに満たされる。そのことで、有限の生を生きる人間は、単なる自然的な制約を超えて神々の生に与る道が開けてくる。人間にとっての幸福な生活は、結局のところ神々の生活に似たものになるのである。

とはいえ、こうした幸福な観想活動も、永久に持続するわけにはいかない。いかに時間を忘れて好きなことに没頭するにしても、疲労のためにやがてその活動は途切れ、平凡な日常生活に引き戻されるときがやってくる。アリストテレスは、できる限り神に似た姿となり不死なものにあやかることこそが究極の幸福だとしながらも、なお地上的な要素との間に引き裂かれた宙づりの存在として人間を理解する視点を忘れてはいなかったのである。

著作の構成

現行の『ニコマコス倫理学』は大きく見れば、外枠の幸福論（第一巻、第十巻）と、その内側にある「徳」をめぐる問題群（第二―九巻）から構成されている。つまりアリストテレスの倫理学は、人間にとっての最高善（幸福）をその自然本性に即した活動の視点から考察することから出発しながらも、幸福の規定に含まれる「魂の卓越性（徳）」をめぐって、それは何であり、何種類あり、いかに形成されるのかといった諸問題を、具体的な各論として展開するのである。

したがって「徳」についての議論こそが、実質的に『倫理学』の大半を占めている。徳とはいったい何か。これは初期プラトン対話篇に登場するソクラテスが「勇気」「思慮」「敬虔」「正義」「友愛」などの徳目を主題に、その本質規定を、あるいはその相互関係や教育の可能性を、終始一貫問い求めてやまなかった問題であった。しかもそれはなにもソクラテスだけに限らない。すでに前五世紀の半ば以来、人間の徳が教育による所産なのか、鍛錬や訓練の結果なのか、それとも何か先天的な素質によるのか、ソフィストたちの活動が活発になるにつれて、徳と教育の問題が、市民的教養をめぐる論題として大きく浮上していた（プラトン『メノン』七〇A）事情はすでに述べた。

徳の二区分

こうした問題に対してアリストテレスは、人間の心（魂）を、分別や道理（ロゴス）をもつ部分と、分別をもたない部分とから構成されていると考え、それに応じて徳を二つに区別することから考察に着手する。すなわち、学問や技術のように、思考の働きに関わる卓越性（頭のよさ）と、人柄としての徳性（性格のよさ）の二つである。

「魂」（プシューケー）とは、生物全般に共通する「生命の原理」を意味すると同時に、身体に対する「精神」あるいは「心」をさし、また人間に固有の「自己」を意味しうる語である。「魂の部分」を問題にする際、植物とも共通する栄養や生殖の機能、あるいは、動物とも共通する諸感覚や自己運動の機能、さらにそれに対して人間に固有な精神的機能（つまり言葉や理性）に三分類することもあるが、アリストテレスはここではまず、人間に固有な魂の機能のうち、分別を働かせる理性的な部分と、それ自身が分別を働かせるわけではないが、分別を理解し、それに聴従することが可能な、いわゆる欲望的な部分とを区別する（第一巻第一三章）。

欲求の現象と分別

俗に「知・情・意」と呼ばれることもあるように、分別と欲望（そして気概）とを、それぞれ魂の別個の三部分として想定する考え方は、すでにプラトンの中期対話篇の中に萌芽が見られる（『国家』第四巻　四三六C―四三九D、『パイドロス』二四六B）。

総じて行為を発動する原因となるのは、われわれの心に生じてくるあれこれの欲求である。そして、このこと自体はごく自然な現象であろう。たとえば、喉が渇けば、誰でも無意識のうちに机の上に置いた飲料の入ったコップのほうに手を伸ばす。このように、喉の渇きという欲求は「飲む」という行為に向かわせる原因になっている。ところが、いくら喉が渇いているからといって、必ずしも飲む行為に直結しないこともある。たとえば、周囲の状況を考慮して「いま授業中だから、終わるまであと二〇分ぐらいは我慢しよう」と考える場合である。この場合、一方では渇きによって飲むことを促す欲求が生じているものの、同時に他方では（分別に基づいて）飲むことを抑制し禁ずる別の力が働いている。こうした別の力が働くことによって、自己の内に生じてくる欲求がただちに行為として発動することなく、じっと自分を抑制していることになる。それはあたかも、正反対の方向に働く力が均衡を保って静止しているかのようであり、心の中で欲求と分別とが綱引きをしているような格好なのである。欲求はそれが充足した時点で解消する。その意味では、心になんらかの欲求が意識される限り、すでに充足されないままの微弱な葛藤をはらんでいるのであり、欲望が強くなるにしたがって、それを抑制している場合には心の中での葛藤も激しくなる。

こうして分別と欲望が反対方向に働く力である以上、欲望と分別とは魂の内でそれぞれ別個の部分を構成しているに違いない。動物や幼児はこうした分別をもたないために、欲求が生じればただちにその欲求の命ずるままに行動する。それらの行動を支配しているのは単に快と苦の感覚だけであろう。それに対して、自分自身の生存のために、また他人との円滑な関係を維持するために、周囲の状況をよくわきまえて、何をしてはならないか、いかなるときに自己の欲求を抑止すべきかを規範として身につけていくのが、人間の社会化の過程であり、古今東西「躾《しつけ》」の基本なのである。

習慣から人柄の形成へ

さて、魂の「分別をもつ部分」に関わる徳性（賢さとか頭のよさ）は、何よりも教育に負うところが大きく、したがって、これらが生い育つためにはある程度の経験と時間を必要とする。これに対して、魂の「欲望的部分」に関わる人柄としての徳性は、習慣から形成されてくる（第二巻第一章）。アリストテレスは、この習慣（エトス）という言葉が変化して、人柄（エートス）という名称が生じてきたという。つまり、ある一定の性質をそなえた行為を反復し習慣化することによって、その人のうちに、いわば後天的な「持ち前」（ヘクシス）となって固定した性質が、人柄として結実するのである。

単なる自然界の存在については、こういう習慣づけは意味をもたない。たとえば、石はその自然本性からして下方に落ちるようにできているから、たとえ石を躾けようとして何万回上に放り投げたところで、上方に上がるようには決してならない。何にせよ自然本性に反して習慣づけることはなしえないのである。

それに対して、さまざまな徳性が人のうちに生じてくるのは、単なる自然本性の所産でもなければ、無理に自然をねじ曲げてなされるのでもなく、本来これを受け入れるように生まれついている人間が、習慣を重ねることを通じて、その本来の素質を完成することによる。

たしかに、人間の能力のうちには、たとえば感覚器官の諸能力のように、すでに自然本来もっている機能があって、後からそれを使用し働かせる場合もある。また逆に自然に反する場合は、どんなに手足を高速で動かしてみても、鳥や昆虫のように空中を飛べるようにはならないのである。だが技能を身につける場合には、逆にまず実際に身体を動かして特定の運動を反復し、いわば働きを通じて一定の型を習得するという順序を踏む。技能の習得には反復練習が欠かせない。外国語を（実は母国語も）しゃべる、手で文字を書く、ピアノを弾く、自転車に乗る、スキーやスケートで氷上を滑るなど、いずれにしても同種の行為を反復することで、しだいに一種の安定した「構え」が形成されてくる。これは「身体的記憶」（ベルクソン『物質と記憶』）といってもよいだろう。こうした状態がひとたび形成されれば、それは容易には解消されない当人の持ち前となる。そしてもはや個々の手順や操作を意識することなく、文字を書いたり楽器を演奏できるようになる。というよりも、改めて意識に上らなくなってはじめて「身についた」十全な技能となるのである。また適切な助言者や教師がいないと、反復練習の過程で誤った癖がついてしまっていつまでも抜けない、という困った事態が生じてくることもある。

アリストテレスは、人間が技能を身につける際の、反復練習と習慣形成の並行関係を、徳の形成に際しても同様に成り立つものと認めようとする。つまり、有徳な行為の反復が有徳な性格を形成し、反対に悪辣な行為の累積が悪徳を形成するのであり、人柄としての徳は、単なる知識や原則の理解だけからは決して生じないと考えているのである。たとえば、勇敢な行為を何度も繰り返すことによって（そしてそのことを通じてだけ）、勇敢な人が生まれてくる。戦場や海難など、誰しも生存の危機に曝されるような状況がある。そうした中で恐怖を覚えることはごく自然であり、そうした情念を抱くこと自体は自分の意のままにはならない。恐怖はほかならぬ私自身の恐怖の感情でありながら、状況の認識に応じて、いわば外から到来するのである。だが、そこで逃げずに踏みとどまるか、一目散に逃げ出すかによって、人は違った歩みを辿ることになる。勇敢な行為を積み重ねることによって、しだいに恐怖にたじろがないでいられる勇敢な人がつくられる。逆に恐ろしい状況の中で、臆病な振る舞いを繰り返していけば、しだいに臆病な性格ができあがってしまう。そしていったん形成された性格は、もはや容易に取捨選択することを許さない、後戻りのきかない当人のあり方を決定するのである。

こうしてアリストテレスの徳の理論は、先天的な素質の差異とか偶然的要因による個性の違いといった要素は視野の外に置き、どちらかといえば徳の形成に際して後天的な教育と訓練の重要性を強調する傾向が強い。こうした視点は、先に述べたような、蓋然性がつきまとう実践哲学の基本的な性格と無関係ではないだろう。

徳を示す指標

それでは、勇敢な行為の反復を通じて人柄としての徳性（勇気）が形成されてくる際の指標は何であろうか。いかなる状態にいたれば、ある徳性を獲得したと言えるのだろうか。アリストテレスはそれを、有徳な行為をなすことに伴う快苦の念だと考えている（第二巻第三章）。恐怖を覚えるような状況の中で、逃げずに頑張って耐えることを繰り返す。その反復が勇敢な性格を生み出すが、またひとたび勇気ある人になれば、今度は逆に恐ろしいことを一層容易に耐え忍ぶことができる。しかもその場合に大切なことは、恐怖に立ち向かって耐える（立派な）行為に「喜びを覚える」点である。もっとも、勇敢な人といえども全く恐怖の念を覚えないわけではない。もしそうだとすれば、単なる無知からくる剛胆な振る舞いは、恐るべきものを正当に恐れる勇気とは似て非なるものであろう。勇気ある人が抱く心情は、単純な快苦や恐怖の念とは少し違って、自己が醜悪なものとして人前にあらわれることを許容しえない透徹した自己意識と、正しい分別とを伴った、規範に服従する喜びなのである。

いくら勇敢な行為、あるいは正しい行為をしたとしても、それを心底から喜んでなすのでなくては、まだ本物とはいえない。たしかに恐ろしい状況の中で逃げずに耐え忍んでいるにしても、足が震えて動けないから、というのでは、まだ勇気が十分に確立した状態とは程遠いし、正しい行為を、まさに正しい行為であるがゆえに喜んでなすのでなく、そこから結果する利益や名誉のために行うのであれば、偽善の腐臭が立ちこめてこよう。

一回だけの行為を、しかも動機を考慮することなしには、行為者の性格の指標とすることはできないとアリストテレスは考えている。このように、有徳な行為と有徳な人柄とは必ずしも重ならない。そして何よりも、このように個々の行為ではなく、その行為によって形成された人柄や性格、いわば人間の存在のありようを中心に倫理学を構想すること、これが古代・中世の哲学の伝統の核心にある。これに対して近代以降の倫理学は、行為の格率を道徳法則に照らして、その普遍的妥当性を評価しようとするカント主義にせよ、行為の結果が生み出す価値の多寡によって道徳性を評価しようとする功利主義にせよ、基本的には「人はいかに行為すべきか」という問いに集約される傾向が強い。近代的な倫理学の主題が一回一回の行為に焦点を結ぶ点で、同じ倫理学といいながら、アリストテレスとは重点の置きどころが異なっているのである。

葛藤と抑制

それでは、激しい情念に襲われるような困難な状況に直面して、自らの抱いている価値判断と、実際の行為とが分裂してしまう状況を、どのように考えるべきだろうか。また逆に、徳が十分に形成される以前に、断固たる決意によってではなく、オドオド、ビクビクしながら、それでもようやく踏みとどまれたといった葛藤をはらんだ末の行為とは、何が異なっているのだろうか。

アリストテレスは、こうした事態を、抑制（エンクラテイア）と無抑制（アクラシア）という問題群として扱っている（第七巻第一―一〇章）。ここは第六巻までの行為の要素論ではなく、動態論が問題にされる文脈である。

さて「抑制」「無抑制」とは、恐怖や怒り、欲望といった情念に駆られた自分を、自分自身の分別（ロゴス）がいかに抑止できるか、理性的な自己支配、自己抑制の力の有無をあらわす倫理学の術語である。つまり無抑制とは、自分で最善だと下した判断に反して、実際にはそれと反対の行為をしてしまう。あるいは逆に、やってはいけないと知りつつ、ついつい欲望や快楽に負けて、その悪しき行為をしてしまう。そうした意味で自分自身を抑える力がない。こうした「知りつつ悪をなす」という事態をいかに説明しうるかという問題である。こうした事態は「意志が弱い」「実行力がない」「だらしない」「我慢がない」「軟弱だ」などとも言われ、常日頃から誰しもが多少とも身に覚えのある経験であろう。

このことは、古来さまざまな文脈で問題にされ、それぞれの思想圏が特有の人間学を育んできた。深刻な内面の葛藤は文学にとって格好の題材を提供してきたし、宗教もこうした人間性の弱さを「煩悩」や「罪」として、そこからの解脱や救済の道を説いてやまない。そして合理性と非合理性とが貼り合わされたような、この奇妙な事態をいかに説明しうるかは、理性と情念、意志と行為の相互関係を問う実践哲学のいわば試金石でもある。二〇世紀後半の行為論哲学の大きな論題を形成しているが、まさにアリストテレスこそ、この問題に最初の、しかも決定的な見取図を与えたのである。

実践知をめぐって

無抑制の問題が哲学的な装いをまとって最初に提起されたのは、プラトンの初期対話篇『プロタゴラス』であった。この中でソクラテスは、長老プロタゴラスをはじめ有力なソフィストたちを相手に、おおよそ次のように論じている。

世間の大衆は「知識」を軽視し、強さも指導力も支配力もないとみなしている。たとえ人間が知識を持っていても、いざ実際に人間を支配するのは知識ではなく、激情や恐怖、快苦なのだ。知識とは奴隷のように引っぱりまわされる無力なものにすぎないと。しかしあなた（プロタゴラス）のお考えはどうだろう。知識は立派なものであって人間を支配する力を持ち、ひとたび善悪をわきまえたならば、何か他のものに屈伏して知識が命ずる以外の行為をすることはありえない、そのように知恵こそ人間を助けるのに十分なものだと思わないか、と尋ねて相手に同意を求める。徳の教師を自認するソフィストのプロタゴラスとしては、もちろんそうだと返答する。ところが大衆の言い分によれば、現に人が快楽に負けてそうした善悪の知識を裏切ることがあるではないか、しばしば人間は、自分でこれが最善だと下した判断に反して行為をしてしまう。知識がそれほど強力であるのに、どうしてこのような奇妙な事態が起こるのだろうか（『プロタゴラス』三五二B—D）。

大略、以上のような問題設定に対して、ソクラテスは、仮想の対話相手である「大衆」に対して自分たちの立場を説明すると称して、逐一プロタゴラスの同意を取り付けながら、自作自演の擬似対話に託して次のように説明している。

そもそも「悪いと知りつつ行う」というときの「悪い」とは何を意味するのか。何かを行って、ある快楽を得る場合、その瞬間に快楽を提供するのみで、後になっても一切苦痛が生じないとしたら、それは別に悪でも何でもなかろう。美食や暴飲など目先の快楽が後に深刻な病気を引き起こすように、後から結果する大きな苦痛のゆえに悪とされるのだ。つまり、結果として苦痛に終わり、他の快楽を奪うからこそ、ある行為や快楽が「悪い」と言われるのであって、快楽それ自身は決して悪ではない（三五三D―E）。

そこで「快すなわち善」「苦痛すなわち悪」として置換してみよう（一種の快楽主義の前提）。そう考えれば、あることが悪いと知りつつ、苦痛や快楽に負けて行ってしまうとか、また逆にあることをなさねばならぬ、善いことだとわかっていながら、苦痛や快楽に負けて実行できないという奇妙な事態は、結局、見かけの大きさに騙されて、手近にある小さな快楽や苦痛と、将来生ずるであろう、より大きな快楽と苦痛との、比較計算の誤りにほかならない。したがって、こうした錯認こそが人生にとって最大の無知なのだ。そしてここにおいでのソフィストの先生方こそ、諸君の無知を癒して下さるお医者様だと自称されておられる（三五七E）。

こうしてソクラテスは、大衆の思惑を相手にプロタゴラスと共同戦線を張るよう装いながら、巧妙な劇中劇を演じてみせるのである。

処世術としての快楽計算

たしかに、われわれの日常生活を反省してみれば明らかなように、分別をもっているとは、まず何よりも快楽計算を誤らないという、一種の計算的合理性にもとづいていることは否定できない。刹那の欲望に駆られて暴飲暴食に走るのではなく、健康に留意して節制に努め、目先の欲に幻惑されることなく貯蓄に励むように、将来における大きな快楽を得るために、目の前にある小さな快楽を抑え、将来結果するであろう大きな苦痛を避けるために、より小さな目前の苦痛を積極的に引き受けるのが、分別のある人の態度であろう。逆に、相当の苦痛を伴う手術を幼児に受けさせることは難しい。そこで、後になって悔やむことになる無抑制の状態、意志の弱さとは、快苦を正確に秤量計算できないという意味で、一種の（あるいは最大の）無知にほかならない。つまり正確な快苦の測定術こそが、人生を幸福に暮らすための秘訣であり、知恵なのである。

はたして、ここに示されている快楽計算の議論が、一九世紀英国の功利主義者、J・S

・ミル（一八〇六―七三）やG・グロート（一七九四―一八七一）が絶賛したように、ソクラテスが信奉していた「洗練された道徳的信念」であったかどうかを単純に断定することはできない。俗に「知行合一」とされるソクラテスの主知主義、快楽主義、幸福主義などを「歴史的なソクラテス」に帰することには、史料解釈上いくつもの難問が伏在している。しかしいずれにせよアリストテレスは、行為の誤りをすべてなんらかの意味での無知に還元しようとするこうした強い主知主義の議論に対して、それは一般の常識に抵触するのでそのままでは承認しがたいと考えている。むしろ解明すべきは、そこで生じているのはいかなる意味での無知なのか、抑制を失って行為するとき、人は自分がやっていることをはたして知っているのか。知っているとすれば、いったい何を知っているのか。つまり「わかっちゃいるけどやめられない」という場合、人は何をわかっているのか、知識の内容や種類を問題にしながら議論を進めていくのである（第七巻第三章）。

行為者は何を知っているか

そこでアリストテレスは、行為に際して「知識をもっている」といわれるさまざまな場面を区別する。もっともこの場合には、（ときとして誤ることもある）判断や信念と、（誤りのない）知識との間に特に違いはない。さて「ある知識をもっている」にしても、現に働かせていない場合もある。「してはならない」という原則を心得ていても、現に目の前でそれを見ているか否かでは決定的な違いがある。

第二に、普遍的な原則を心得てはいても、実際に行為する場面での状況認識が十分でない場合もあろう。行為がなされるのは個別の場面だからである。たとえば、一般にビタミンCが体に良いことは十分にわかっていても、いま目の前にある「この食品」がはたしてビタミンCが多いかどうか、判断を誤ることはいくらもあろう。

第三に、睡眠中、泥酔状態、狂気など、そもそも知識をもっているのか否かを判断しにくい中間的な精神状態もある。酔客が口にする言葉は必ずしも知識の証左にはならないように、怒りや情欲などの情念にはまり込んでしまった人は、まさにこれに近い状態にあるとアリストテレスは考えている。

そしてさらに、こうした問題がことがら自体としていかに把握されるべきかに関しても、瞠目すべき分析を示している。人間の行為に関わる分別は、おおよそ次のような推論（三段論法）のかたちをとる。つまり、なんらか普遍的な行為の原則や判断（大前提）があり、そしていまここで目にしている状況が、その原則が適用されるべき場面であるという了解（小前提）がある。すると、この大前提と小前提の結合によって生ずる一つの判断（結論）が、当の状況でその原則に従ってなされるべき行為そのものである。単なる反射的動作や銘酊状態、あるいは不注意による過失ではなく、人間が分別を働かせて行為する場合、そこでは意識すると否とにかかわらず、必ず一種の計算・推理が行われており、それゆえに

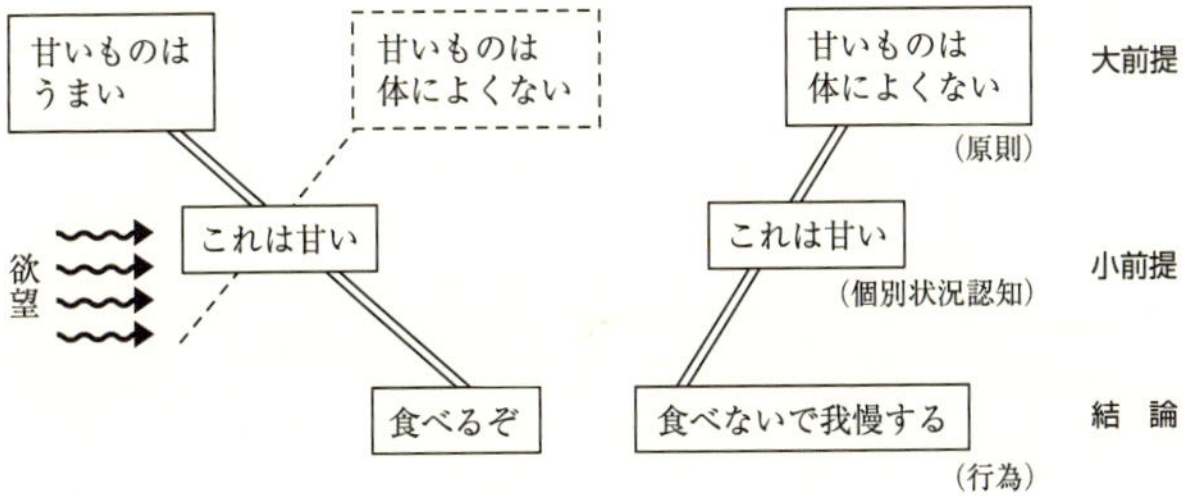

行為の結果についても行為者本人の責任が問われ、賞賛や非難が加えられるのである。計算の場合には、演算の結果が（肯定せざるをえない）「結論」となるのに対して、行為に関わる推論では、実際の「行為」に結実する点で、通常の推論から区別されて実践的推論（実践三段論法）と呼ばれる。

実践的推論

そこで、以上の構図をもとに、無抑制という事態がいかにして起こってくるかを考えてみよう。甘い食物の過剰摂取が体によくないことを十分にわかっているのに、ついつい食欲に負けて食べてしまうという、ごくありふれた日常の出来事はなぜ起こるのだろうか。この場合（たとえば糖尿病患者である私にとっては）「甘いものは体によくない」という一般的な判断が、大前提として行為の原則をつくっている。そして、目の前に出された「この菓子は甘い」という個別的な状況認識に関する判断（小前提）がある。そこで、この二つの前提の結合から「この菓子は体によくない」という判断（結論）

が生まれ、したがって食べないで我慢するということになる。消極的に見えるが、何もしないでいるというのも、自己を抑制するという意味で（「沈黙を守る」などと並ぶ）行為の一つに数えられよう。

ところで、こうした抑止的な大前提と並んで「甘いものは快い」「甘いものは食べるべきだ」という別の一般的な判断も同時に存在している。だからこそ「この菓子は甘い」という個別認識が生ずれば、妨害されない限り人は必然的に食べるという結論を実行せざるをえないのである。さてあるとき、われわれの内に強力な欲望が生じてくるとしよう。通常であれば、先の一般的な判断「甘いものは体によくない」（大前提）と、個別の認知判断「目の前に出されたこの菓子は甘い」（小前提）が結合することで、食べずに我慢するという結論が帰結するのだが、今度は欲望が人を引きずっていくために、この小前提はもう一つ別の大前提「甘いものは快い。だから甘いものは食べよう」と結びついてしまい、「この菓子を食べる」という行為が結論として導かれることになる。

ところが、いったん充足されれば欲望は解消し、再び先の原則「甘いものは体によくない」という大前提と、個別の状況認識に関する小前提との結合が回復して、「食べてはならない」という結論が得られる。しかし、もはや食べてしまった以上、行為の結果と本来の原則から生まれる判断とが相反する結果となり、そこに後悔の念が生じてくるのである。

「意志」概念の不在

ここで注意したいのは、プラトンにせよアリストテレスにせよ「無抑制」という事態を問題にする際に「意志」に相当する概念を一切用いていないことである。彼らは一貫して、欲求と判断の関係、欲求の対象の種別、知識の構造を問題としたのであり、弱いと考えられる当の意志の姿はどこにも見あたらない。あえてアリストテレス倫理学の術語のうちに求めれば「選択」がそれに近いと言われることもあるが（第三巻第二章）、人格の中枢として、善へと秩序づけられた本来の「意志」の概念は、知性による「判断」（結論）を「同意」という、いわば内的行為を媒介として実行へいたるという、ヘレニズム時代のストア派による（結論を即行為とみなすアリストテレス的な実践的推論とはやや異なる）行為論の構図を経て、古代末期のキリスト教教父、特にアウグスティヌスの思想圏において熟成したものと見ることができる。

分裂の克服と徳の形成

いずれにせよ、このように、ある種の分別と判断に従って抑制を失う行為が発生してくるのだとアリストテレスは論じている。欲望とは、決して全くの裸形であらわれてくるのではない。仮にそうであれば、泥酔状態のように、われわれは自分がいったい何をしているのか、全く気がつかないことになろう。しかし実際には、欲望はいわば理性の皮を被っ

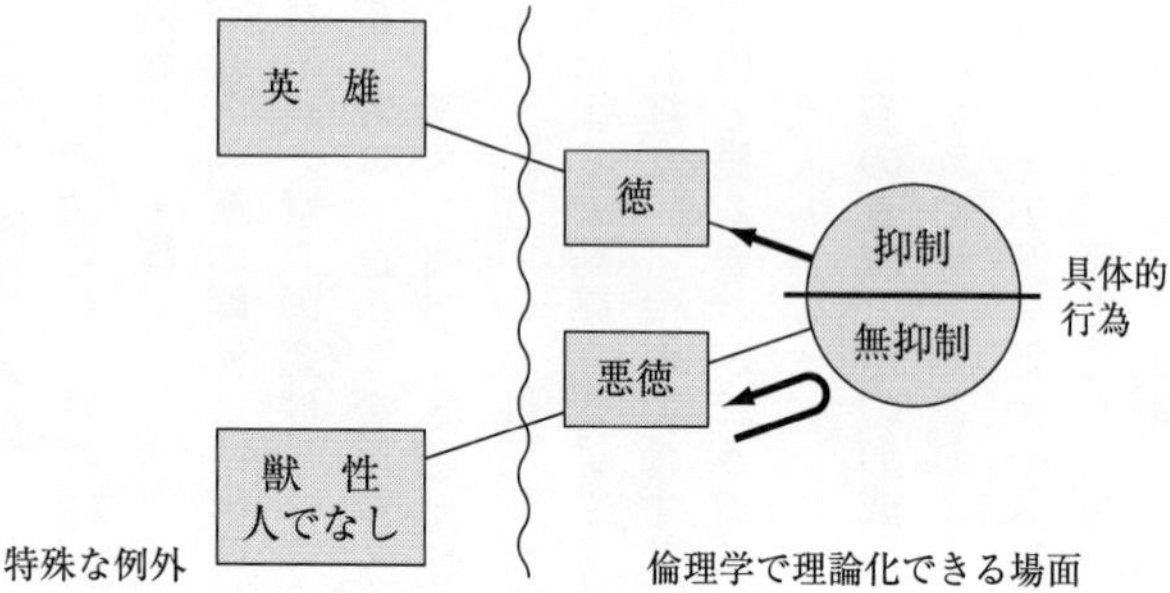

てあらわれ、そこに一種の擬似的な判断が形成される。こうした擬似的な判断に従って人間は、自分が現在何をしているのかを重々承知のうえで、自らの置かれた状況を了解しつつ、しかも最善とみなす合理的判断とは異なる行為を実行するにいたるのである。

したがって、抑制する力のある人も抑制する力のない人も、実際の行為の場面で、ある種の葛藤、心の中での分裂を経験するという点では変わらない。両者はただ、現にある行為をしてしまったか、しないですんだか、その違いだけである。これを分ける分水嶺をどこに認めるかはなかなか難しい。ただし、こうした欲望や誘惑に抗して自分を抑えることができた場合に、それはある種の自信となるのに対して、抑制できなかった人は、必ず「後悔」という恒常的な分裂を引きずったままになる。

そして、こうした無抑制の行為を次々と繰り返しているうちに、やがてしだいに後悔することすらもなく、欲望のままに流される状態が当然のことになってしまう。かくして、徳（節制）の反対の悪徳（放埒）が、いまや抜き難い本人の人柄として刻印されることになる。恥ずべき行為をしながら一切罪悪感をもたない、後悔の念すらもたない鈍感、無感覚、一種の確信犯であることが、悪徳の特徴なのである。

　このように、快苦や欲望に関わる場面で抑制の失敗が繰り返されると、しだいにそれは悪徳へと凝り固まってしまうし、逆に抑制に成功すれば、それは徳を形成する道につながる。苦しい仕事をとにかく頑張って最後までやり遂げることは、自分の心の中の分裂を克服し、大きな自信につながっていく。青少年期の教育課程で、体育をはじめとする「鍛練」が重視されるのはこうした意味である（プラトン『国家』第三巻四〇三C―四一二B）。人は誰しも幼児期には動物と同じく快苦だけで行動している。その意味では悪徳の状態と変わらない。やがて社会規範と衝突して軋轢や葛藤が生じ、それをしだいに統合していく過程で徳が形成される。さらには、欲求と規範が衝突しない域にまで陶冶《とうや》されれば理想であろう（「おのれの欲するところに従って矩《のり》を超えず」『論語』学而編）。ものわかりがよいだけの親や教師、口当たりのよい標語を盾に競争も喧嘩も注意も罰則も抑圧した学校教育、ひたすら楽をしようとする社会が、いかなる奇形の精神を飼育培養していくかは、やがて二一世紀の日本社会が証明することになるであろう。アリストテレスの徳と抑制についての分析は、徳を身につける教育が何であるのかをも示唆してやまないのである。

参考文献

●アリストテレス『ニコマコス倫理学』高田三郎訳（岩波文庫、上下、一九七一／七三年）、加藤信朗訳（『アリストテレス全集13』岩波書店、一九七三年）、朴一功訳（京都大学学術出版会、二〇〇二年）
●アリストテレス『政治学』山本光雄訳（岩波文庫、一九六一年）、牛田徳子訳（京都大学学術出版会、二〇〇一年）
●岩田靖夫『アリストテレスの倫理思想』（岩波書店、一九八五年）
●日本倫理学会論集21『アリストテレス』（慶應通信、一九八六年）
●アームソン『アリストテレス倫理学入門』雨宮健訳（岩波書店、一九九八年）
●黒田亘『行為と規範』（勁草書房、一九九二年）
●オーエン「アリストテレスの快楽論」荻野弘之訳（井上忠、山本巍編訳『ギリシア哲学の最前線II』東京大学出版会、一九八六年）
●バーニェト「アリストテレスと善き人への学び」神崎繁訳（井上忠、山本巍編訳『ギリシア哲学の最前線II』、東京大学出版会、一九八六年）
●デヴィドソン『行為と出来事』服部裕幸、柴田正良訳（勁草書房、一九九〇年）
●小沼進一『アリストテレスの正義論――西欧民主制に活きる法理』（勁草書房、二〇〇〇年）

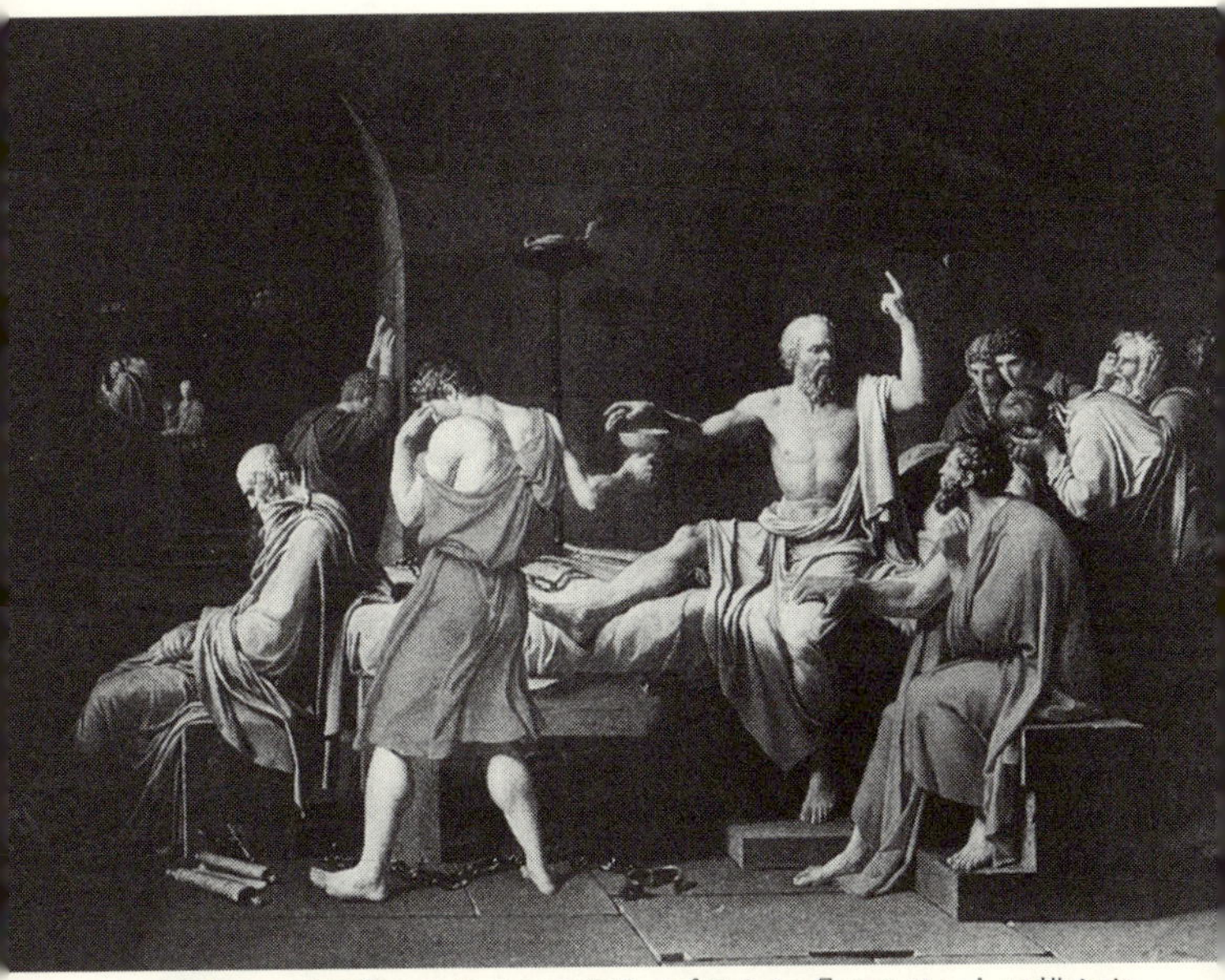

ダヴィッド画『ソクラテスの死』。プラトン『パイドン』に描かれたソクラテスの最期が題材。毒杯を受け取るソクラテスの背後に、少年シミアスとケベス、腰掛けて瞑想するプラトン（老人の姿）、背景の階段には妻クサンティッペも見える（メトロポリタン美術館蔵）

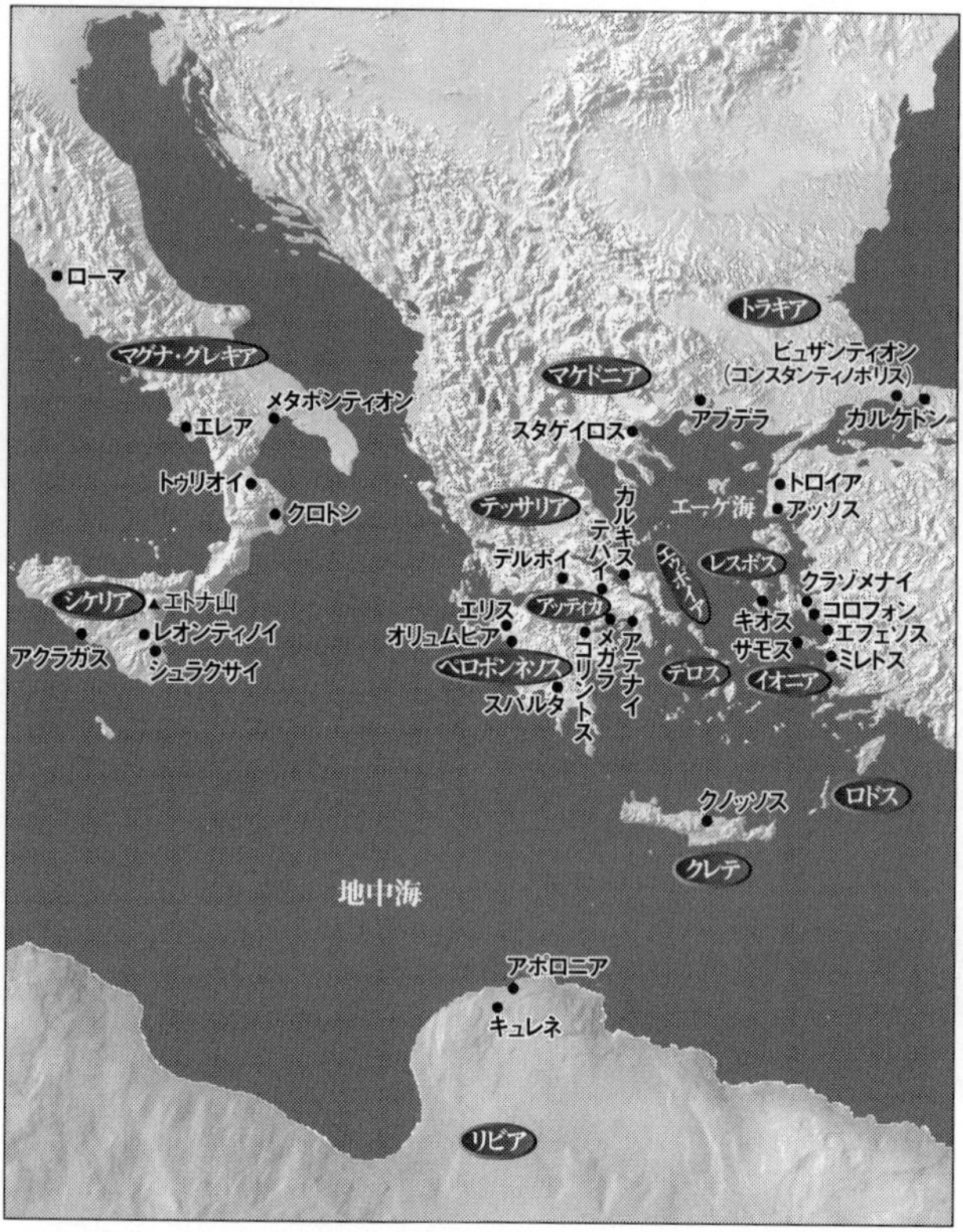

古代ギリシアとその周辺

アテナイ市街(前400年頃)

あとがき

本書は、NHKラジオ第二放送「NHK文化セミナー心の探究・古代ギリシアの知恵とことば」(一九九七年四月—九月放送、また講座は東京・青山のNHK文化センターにて一九九六年一〇月—一九九七年二月に講演収録)の放送副読本『古代ギリシアの知恵とことば』(上巻の第一〇—一二回、下巻のすべて)の内容をもとに、新たにNHKライブラリー版として再刊するにあたって改題し、加筆訂正したものである。口語体の副読本では、放送を聴取して分かりやすいことを旨としたが、再刊にあたっては章立てに若干変更を加えたほか、細部の表現に正確を期し、過剰な反復を削除し、その後に刊行された新しい参考文献を追加した。

本書を構成する内容は、一九八八年以来、東京女子大学、上智大学で毎年行ってきた「古代哲学史」の講義に基づく。大学の教養課程・専門課程の基礎部門の教材・副読本としても活用しうると共に、一般の方にも読んでいただけるようわかりやすく配慮したつもりだが、章によってはなお難解と感じられる箇所もあろう。お気づきの点やご意見をお寄せくだされば幸いである。

本書は前著『哲学の原風景』の続編としてただちに刊行予定であったが、著者渡米のために、執筆改訂が大幅に遅れた。この間、何度もお問い合わせいただいた読者の方々にはお詫び申し上げる。また滞米中カリフォルニア大学バークレー校古典学科のジョン・フェラーリ（G.R.F.Ferrari）教授をはじめ、トニー・ロング（A.A.Long）、アラン・コード（Alan Code）のお三方には数々の便宜を図っていただき、いくつか最新の研究成果を盛り込むことができた。

執筆にあたり、NHK出版生活情報編集部の荒川淳氏には周到に配慮していただき終始お世話になった。また文化セミナーの番組と講座を企画制作された（株）カズモの野水清氏と、担当の加藤剛氏はじめ歴代の教育編集部の方々にも改めて御礼申し上げる。

本書の標題『哲学の饗宴』は企画の段階で荒川さんに命名していただいたが、実は他に同名の書がある（『哲学の饗宴　大森荘蔵座談集』理想社、一九九四年）。これは雑誌の座談会の記録を収録したユニークな書物であるが、著者にとってはいずれも恩師にあたる懐かしい先生方の談論風発ぶりが、プラトンやアリストテレスが開いたアテネの学校もかくやと思わせる、知的で楽しい雰囲気に満ちているので、あえて同名を避けなかった。

二〇〇二年一二月

著　者

写真提供／ギリシャ政府観光局・WPS
編集協力／別府由紀子・井上美夫
図版製作／Paper Box・ノムラ

本書は、NHK「文化セミナー・心の探究」において、一九九七年四月～九月に放送された『古代ギリシアの知恵とことば』ガイドブックの上巻の一部（九七年四月発行）と下巻（九七年七月発行）をもとに作成したものです。

NHK
ライブラリー
158

哲学の饗宴

ソクラテス・プラトン・アリストテレス

2003（平成15）年2月15日　第1刷発行

著者――荻野弘之

発行者―松尾　武

発行所―日本放送出版協会

〒150-8081 東京都渋谷区宇田川町41-1
電話 03(3780)3301［編集］03(3780)3339［販売］
振替 00110-1-49701
http://www.nhk-book.co.jp

印刷――慶昌堂／近代美術

製本――芙蓉紙工

落丁・乱丁本はお取り替えいたします。
定価はカバーに表示してあります。

Printed in Japan
ISBN4-14-084158-3 C1310

時を止め、考える。NHKライブラリー

入江　昭
平和のグローバル化へ向けて

戦争の時代の一方、多彩な平和推進者が登場した20世紀。その遺産を活かした21世紀の可能性を探る。

松永希久夫
イエスの生と死
聖書の語りかけるもの

イエスは、なぜあのような活動と考えを持つに至ったのか？　キリスト教の発生とその生命線を問う。

小西聖子
トラウマの心理学
心の傷と向きあう方法

長年、被害者のPTSDの治療と援助をしてきた精神科医が語る、トラウマの実体と支援の可能性。

加藤尚武
先端技術と人間
21世紀の生命・情報・環境

生命操作・臓器移植・ネット犯罪…。加速し続ける科学技術と21世紀における人類の課題を考察する。

荻野弘之
哲学の原風景
古代ギリシアの知恵とことば

タレス、ピタゴラスなどソクラテス以前の思想家の言葉を読み、「哲学とは何か」をその原点から問う。